40歳からの「似合う」が見つかる

大人の着こなしレッスン

堀川 波

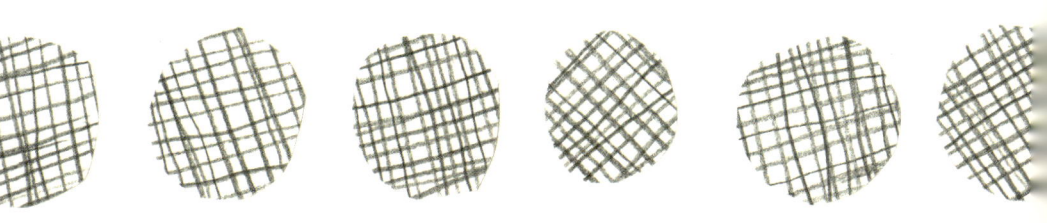

PHP

はじめに

40歳を過ぎたころ、それまで着ていた服が何となく似合ってないんじゃないかな、もう少しキチンとした服のほうが似合うのかな、と何を着ていいのか戸惑う時期がありました。

今思えば、30代まではゆっくりと加齢していく自分に見て見ぬふりができたのですが、40代に入るとシミやしわ、くすみ、白髪、体型の変化をごまかしきれなくなり、少し不安になっていたのかもしれません。くわえて、おしゃれと他人目線は、切っても切り離せないもの。40代以上の大人が流行を追いすぎたり、若い人と同じようなメイクをしたりすると、「やたら異性を意識した人」に見えてしまうし、落ち着きすぎると「女を捨てた寂しいおばさん」になってしまいます。そのどちらでもない大人のおしゃれ、って何を着ればいいの？　と分からなくなっていました。

そんなとき、一足のパンプスとの出合いが大人服にシフトできるきっかけになりました。痛くて履けないし、セクシーで大人っぽいものは似合わないと思い込んでいたのですが、そのパンプスは私の足にぴったり。デザインも、大人っぽさの中に可愛らしさがあり、自分の求めている理想の一足だったのです。

それまではビルケンシュトックやバレエシューズばかり履いていたので、おのずとそれに合うナチュラルでカジュアルな服ばかり着ていました。でも、パンプスとの出合いによって足元が大人っぽくなると、それに合わせるようにシックなワンピースやキレイめパンツも自然に着られるようになりました。おしゃれの幅が広がると、それまで可愛いと思ったことのなかったレオパード柄やピンク色のアイテムに対しても、おしゃれのスパイスとして取り入れると素敵だな、と思えるようになりました。まるで自分の価値観の幅まで広がったよう。街を歩いていても、自分のアンテナに引っかかってくる好きなものが増えたような気がします。

誰のためでもない、自分の気持ちが弾むための服を着るのが「大人の女性のおしゃれ」なのかも、などと思うこのごろです。

堀川　波

もくじ

2 はじめに

第一章 今まで着ていた服が似合わない

8 30代、ゆるゆるの服ばかり着ていたら、
体型までゆるゆるになってしまいました。
10 らくちんゆるゆるカジュアル
11 30代はこんなおしゃれをしていました
12 首の詰まったTシャツはおばさんぽくなってしまうけれど
体型カバーしてくれるデザインをみつけてスッキリ見せる
14 バストトップの位置で5歳若返る
15 丸っこい体をすっきり見せてくれる下着
16 ブラジャーを買いに行こう！
18 マットになっていく自分にツヤを与えよう
19 こまめなケアでボディにもツヤをプラス
20 ありのままの自分を知る全身鏡
21 家のあちこちに鏡を置いています
22 COLUMN 1 40代おしゃれに必要なハズシの心得

第二章 ゆるゆるカジュアルから、きれいめカジュアルにシフトしたい

24 靴できれいめにシフトする
ぺたんこ靴からヒール靴へ
25 ムートンブーツからブーティに
26 アクセサリーできれいめにシフトする
トレンド感をプラスする
インパクトのあるアクセサリー
27 長く使える上質でシンプルなアクセサリー
28 ジャストサイズできれいめにシフトする
30 アウターできれいめにシフトする
32 ストールできれいめにシフトする
34 ヘアスタイルできれいめにシフトする
36 COLUMN 2 欲しいもののノートを作ろう

第三章 大人の新・ベーシックワードローブ

38 これだけは持っておきたい!
新定番12アイテム着まわしコーデ
40 ①Vネックセーター
41 ②ボーダーシャツ
42 ③パーカー
43 ④カジュアルジャケット
44 ⑤ロングカーディガン
45 ⑥ブラウス
46 ⑦ステンカラーコート
47 ⑧リネンワンピ
48 ⑨デニムパンツ
49 ⑩ワークパンツ
50 ⑪トレンチコート
51 ⑫パーティワンピ
52 COLUMN 3 大人になったら「そのまんまスタイル」は卒業

第四章 大人のクロゼットはシンプルが基本

54 私のクロゼット
56 全身コーデを作っておこう
58 着ない服の処分の仕方
60 クロゼットをスッキリさせる4ステップ

第五章 遊び心という大人のスパイスを効かせよう

スパイス①
66 キラキラアイテムで大人かわいく華やかな装いに
68 キラキラアイテムはカジュアルスタイルにさりげなく
スパイス②
70 アニマルプリントは小粒でピリリと効かせたい
72 アニマルおしゃれは素材と取り入れる面積が大切
スパイス③
74 ビビッドカラーはパリジェンヌのおしゃれのイメージで
76 きれい色はおしゃれを底上げしてくれる強い味方
スパイス④
78 アジアン小物をプラスすれば簡単おしゃれ上級者
80 大人のアジアンスタイルはシンプルな装いに1点だけ

スパイス⑤
82 プチプラアイテムで賢く、かわいく大人のおしゃれ
84 プチプラアイテムは遊び心たっぷりに取り入れたい

第六章 40歳からのクロゼット

86 大人のワンピーススタイル
88 ワンピースは小物使いで自由にアレンジ
90 大人のパンツスタイル
92 パンツはシルエットが命！「旬の形」に敏感でいたい
94 10年以上愛用しているもの
96 これからもずっと付き合いたい10年選手のアイテム
98 世界にたったひとつのジュエリーをオーダー
100 上質なジュエリーはリメイクで長く大切に使いたい
102 好きなのに似合わなくなったもの　ガーリー編
104 似合わなくなった丸襟ブラウスと、
大人になって似合うようになったもの
106 好きなのに似合わなくなったもの　ボーイッシュ編
108 ボーイッシュアイテムの着こなしは
ライフスタイルをベースにしたい

第七章 これから始まる大人のおしゃれ

110 40代のリアルスナップ
112 おしゃれは自分らしく
キラキラ生きるために必要なもの
114 着心地と居心地の共通点
116 「好き」が分かるおしゃれが本当のおしゃれ
118 私のファッションヒストリー
120 自分の軸と、変わるおしゃれ、変わらないおしゃれ
122 30年後は……こんな
おしゃれなおばあちゃんになりたい！
124 40代は、この先の「きれい」を決める切り替え時期
126 40代 おばさん度をあげないための10ヶ条

第一章

今まで着ていた服が似合わない

今まで何気なく着ていた服なのに、
「あれ？　この服、もしかして何かずれている？」と
気づいたある日。「40歳からの私らしいおしゃれ探し」は、
そんな悩みから始まりました。

30代、ゆるゆるの服ばかり着ていたら、

ブラカップつき
キャミソール
か、
ノンワイヤーブラ
おなか
スッポリ
ゴムパンレギンス
ラクラク
サンダル

私の30代は子育て真っ盛りで、おしゃれもまさに子育て仕様。基本的に公園に行って泥だらけになっても家で洗え、子どもを追いかけるために走り回っても大丈夫な格好をしていました。

足元はぺたんこ靴、ゆったりパンツにおなかまわりがすっぽりかくれるトップス、ななめがけバッグに、つば広帽子。素材もガシガシ洗濯できてアイロンいらずのコットンや麻など、ナチュラルなものが中心。

子育てママの定番ファッションなのですが、これがラクでラクで。

体型までゆるゆるになってしまいました。

子どもの小学校入学を機にこのゆるゆるスタイルを卒業していればよかったのですが、その着心地のよさと、着まわしのラクさにいつまでも気に入って着ていたら、気づいたときには、体型までがゆるゆるのたぷんたぷん。

　おなかまわり、腰まわりについたお肉は、はずせないうきわのようです。

　でも、このうきわをはずさないとおしゃれは楽しめません。これをはずすか、はずさないかが、おばさん化しないための分かれ目かもしれません。

らくちんゆるゆるカジュアル

綿や麻の
ナチュラルな
素材
気になる
この腕、おしりを
すっぽりカバー
おなか
まわり
ゆったり

太った原因は、らくちんゆるゆるカジュアルのせいだけではありませんでした。女性は30代後半から、ホルモンの乱れや、代謝の悪さから、太りやすくなるもの。プレ更年期と呼ばれる症状が出てくるのもこのころです。気分が鬱々としたり、イライラしたり、眠れなかったり。加えて、体型のくずれ、シミ・しわ・たるみ・薄毛も目立ってくるので、鏡を見てはせつなくなります。

このころは夏の薄着に耐えられない体なので、早く冬服が着たいと思い、冬になったらなったで鏡に映るのは着ぶくれたおばさん体型の自分。

30代はこんなおしゃれをしていました

ななめがけ
バッグが
ラクチン
リネン＋レースの
甘めスタイル
サボも
かわいい
足元は
ぺたんこが
基本

みっともないので少しでもスッキリ見える春服が着たいと思うのですから1年中着たい服がなく、おしゃれが楽しくありませんでした。

　でも、私がこの時期を乗り越えられたのは、そんな自分に心底うんざりしたから。そして「プレ更年期」という言葉にも助けてもらいました。ホルモンのバランスがそうさせたんだと思うと、気持ちも体も次の自分に切りかえることがスムーズにできたのです。今がんばらなければ素敵な40代、50代にはなれない！　という確かな直感も支えになりました。

首の詰まったTシャツは、おばさんぽくなってしまうけれど

首が太く
短く
見えます
スポーティ
な印象に
ムチムチ
二の腕が
目立ちます

周りの友人に、「40代になって似合わなくなったものは？」と聞くと、みんな「首の詰まった服」と答えます。

40歳を超えると女は首が短くなるのか？　と思ってしまうくらい、みんな同じ悩みを持っているようです。私も丸首のTシャツ一枚では、近くのコンビニにも行けないくらい似合わなくなってしまいました。

シャツの場合はボタンを上まで留めずに2、3個あける。カットソーの場合は、なるべく鎖骨がきれいに見える形を選ぶ。自分に合った襟ぐりの形をした定番ブランドをみつ

体型カバーしてくれるデザインをみつけて
スッキリ見せる

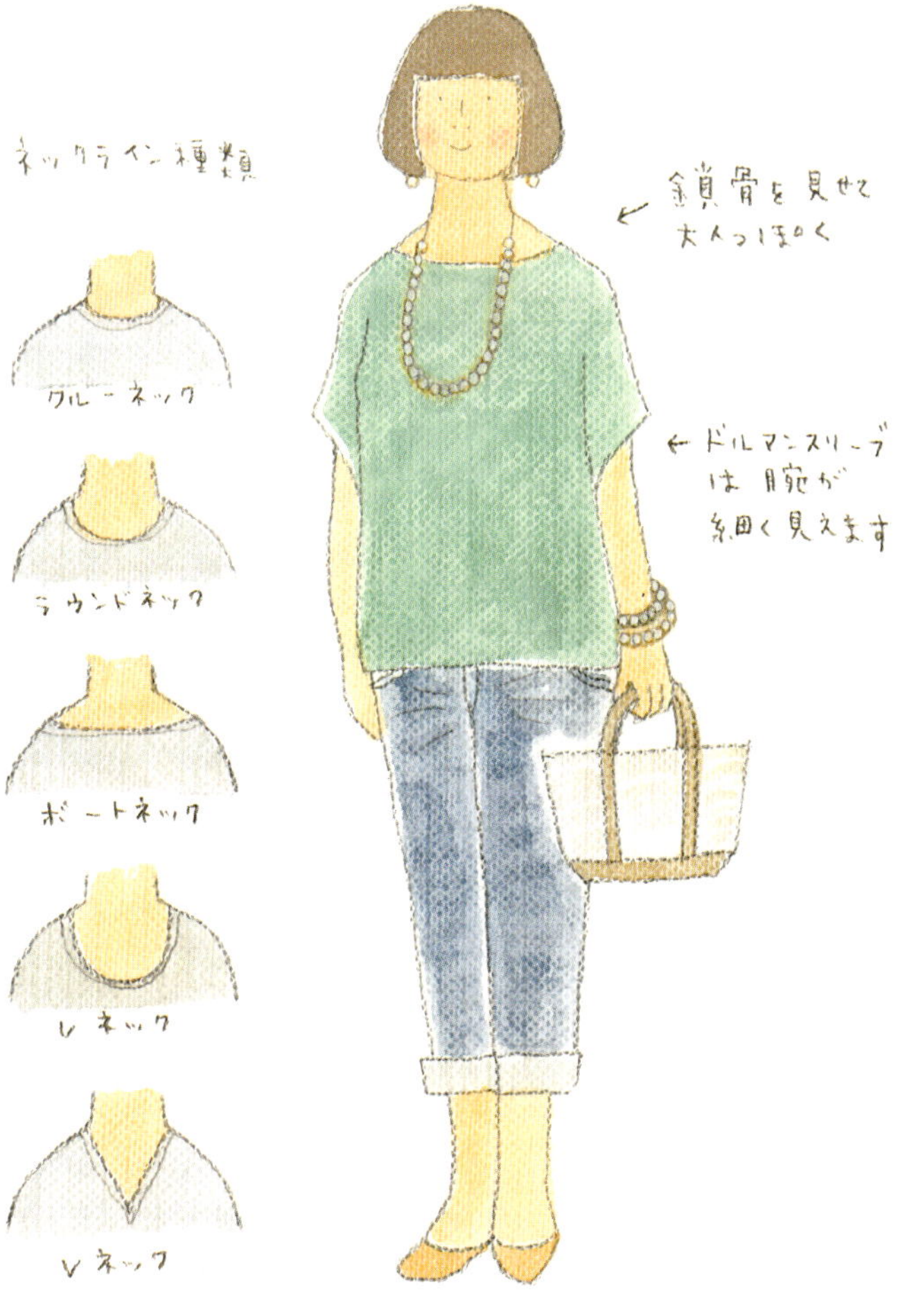
ネックライン種類
クルーネック
ラウンドネック
ボートネック
Uネック
Vネック
鎖骨を見せて大人っぽく
ドルマンスリーブは腕が細く見えます

けたいものです。ほんの数センチで印象はずいぶん変わりますから。

友だちの中には「老けて見えるから真冬のどんなに寒い日でも、タートルネックは着ないと決めてるの」というツワモノもいました。

むちむちした若いころとちがって、鎖骨辺りの肉が落ちてきているので、開けすぎると貧相ですが、適度に胸元を開けても、いやらしくならずに自然な大人っぽさを出せるのは嬉しいですね。

バストトップの位置で5歳若返る

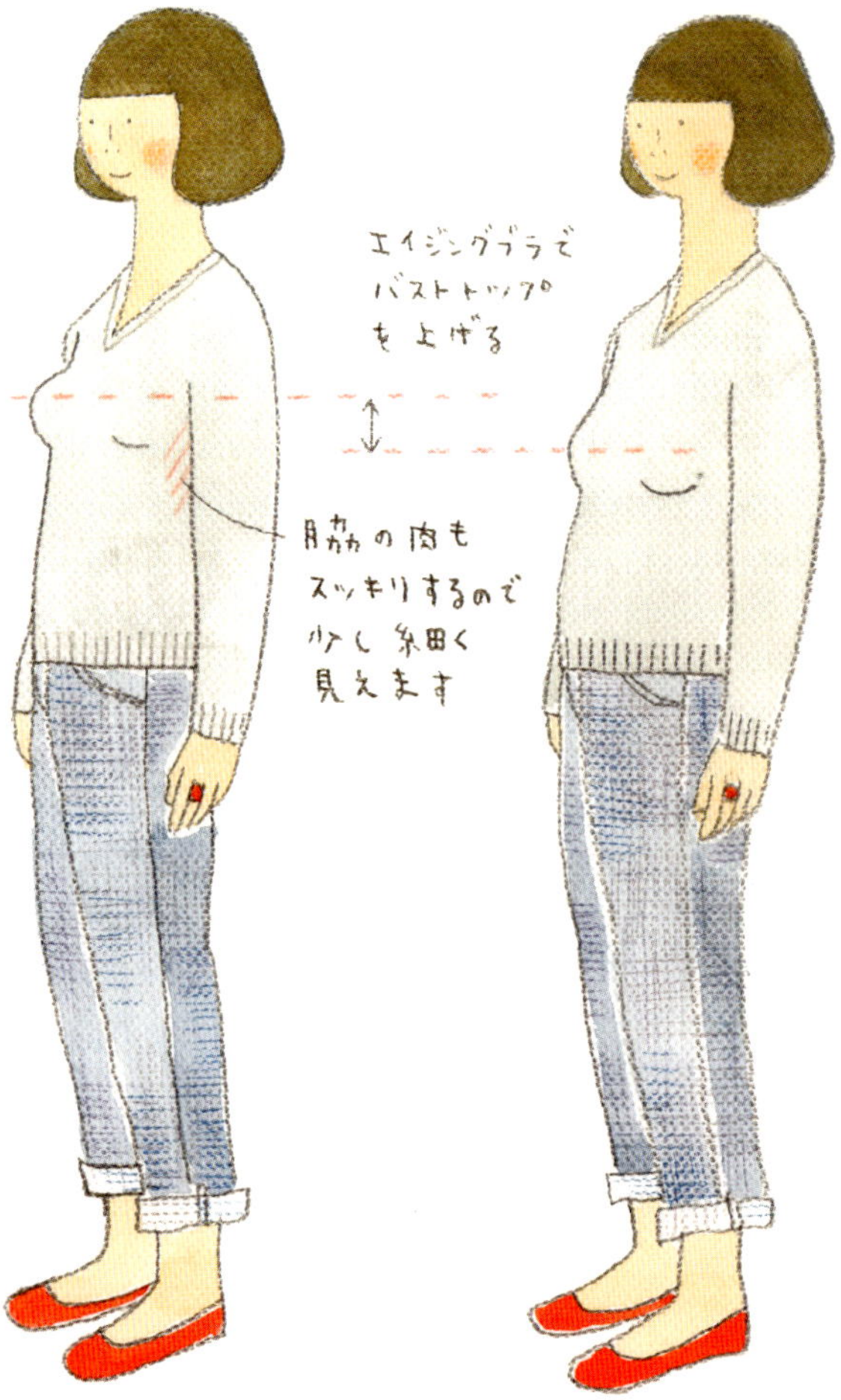
エイジングブラで
バストトップ
を上げる
脇の肉も
スッキリするので
少し細く
見えます

すごい失敗をしてしまいました。杢《もく》グレーの薄手のニットのセーターを着ていたとき、一枚ですむし、ラクだし!　とインナーにブラカップ付きキャミソールを選んでしまったのです。

ところが、その日に撮った写真を見ると、自分の体がどうもおかしい。丸っこいだけではなくバランスが悪い感じがします。でも、自分では何がおかしいのか分からないままだったのですが、この写真を見た同世代の友だちのひとことがすべてを解決してくれました。

「このとき、ノーブラなん?」

丸っこい体をすっきり見せてくれる下着

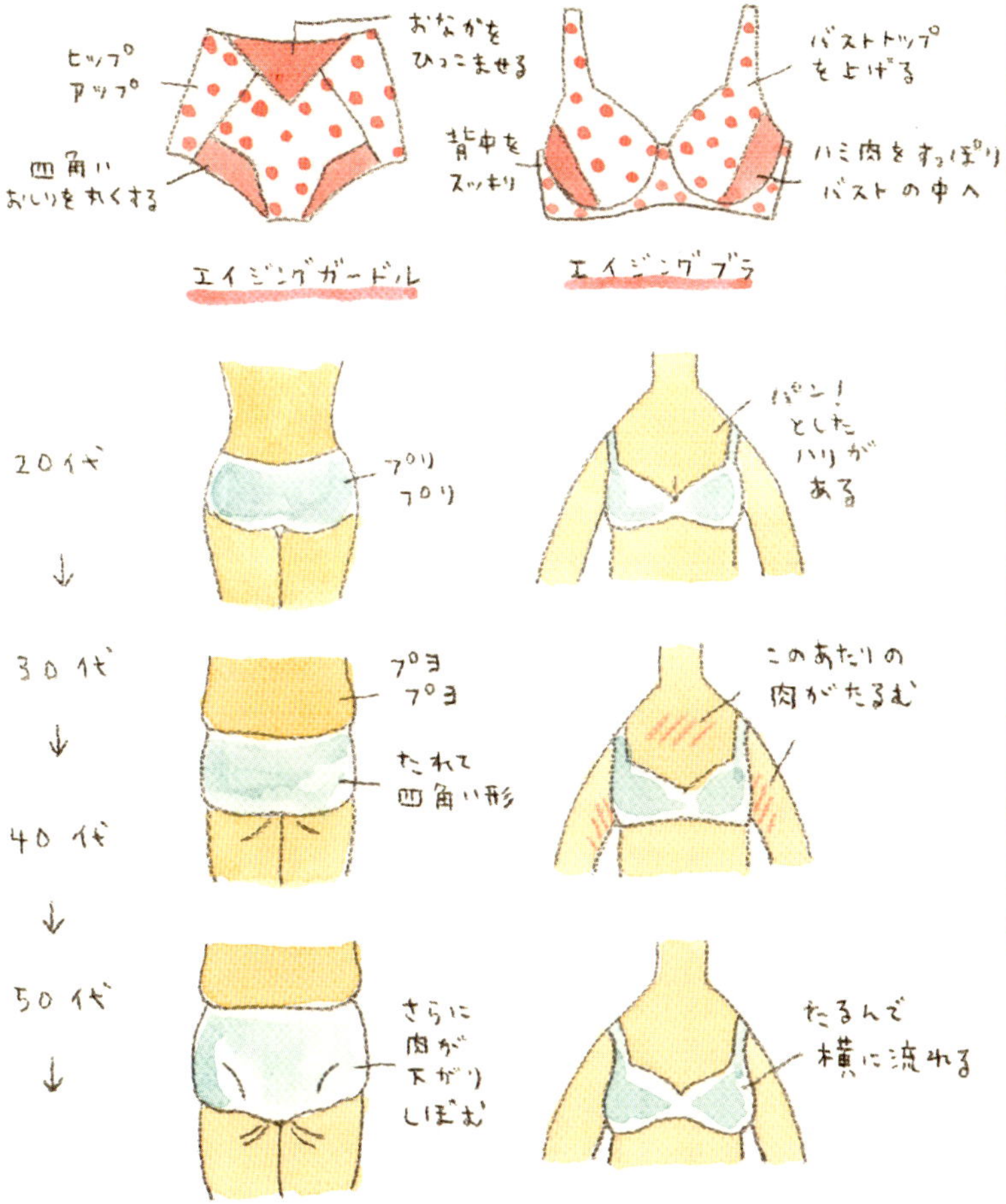

　がーん！　そうなんです。胸が流れちゃっているのです。胸がないのにおなかまわりはぽっこりした醜い体のラインを、グレーの薄い生地がそのまんま出してしまっているのでした。

　胸が横に流れると、太って、老けて見えてしまうことを身をもって実感しました。

　てろんとした薄手の服を着るときは、ワイヤー入りのブラで脇のお肉をまんなかに寄せること、背筋をぴんと伸ばすことは、丸っこい体を少しでもスッキリ見せるための私の忘れてはならない掟となりました。

ブラジャーを買いに行こう！

今まで、恥ずかしいという気持ちから、ブラを試着して買ったことがありませんでした。
すいませーん
こちらへどうぞ！

ふだんつけているサイズは？
B75です
今つけてるブラのサイズ全然合ってないです
えーっ
左ムネの方が大きいですよ
うそ
試着室の中で、服の上から軽く触るだけで、すべてが分かってしまう下着選びのプロ!!

41歳にして、はじめてデパートの下着売り場で、ブラジャーの試着&測定をしてもらいました。

試着室に案内され、店員さんがメジャーで胸まわりを測り、カップを触ってひとこと「今のブラジャー、サイズが合ってませんね！」。今まで自分のサイズは「75のBカップ」だと思い込んでいました。

店員さんが私に持ってきてくれたのは、なんと「70のDカップ」！

思わず、そんな大きいの無理ですよ～なんて言いながら試着してみたら、やだ、ぴったり！　バストトップの位置も

上がって谷間まであらわれました。

どうやら私は20年以上、2カップもまちがったサイズのブラジャーをつけてしまっていたようです。

しかも「左の胸のほうが大きいからこっちは、パッドをとりますね」と言われ、左右の胸の大きさが違うことにも全く気づいてなかったので、さらにびっくり。

「B75のブラジャーは、もうつけないでください。」と言われて、ひとつ変化をとげた蝶々のような気分です。

マットになっていく自分にツヤを与えよう

うねり、
クセが出て
ツヤがなくなる
髪がうすくなる
白髪
シミ
くすみ
しわ
たるみ
40代になって目立ちはじめたもの

顔まわりに
キラキラ アクセをプラス！
華やかさ補充！
大きめアクセが
似合うように

気になる
エイジングサインを
目立たなくしてくれる
キラキラパウダー
つけすぎは
逆効果！
オバサンぽく
なります

体が丸くなる以外に、40代になって変わることは、肌や髪が、「マット」になっていくこと。全身が乾燥してツヤ消し状態になってくるのです。

クリームを塗ったり、パックしたり、トリートメントしたりと、日々のケアをがんばっても、なかなか思うような効果はあらわれません。きれいな同世代を見ると、「何をしてそんなにきれいなの？」とねほりはほり。

でも、誰でも平等に年はとるもの。

「よく頑張ってる、私！」とかさかさ肌の自分をいつくしむようにケアしてあげなきゃ

こまめなケアでボディにもツヤをプラス

いけないなと思います。

光沢感のある素材の洋服、宝石やゴールドなどのアクセサリーが年をとればとるほど、似合うようになるのは潤いや輝きを補うためだったんですね。若いころは、肌も髪もキラキラした輝きがあるから本物の宝石が似合わなかったんだな、なんて今さら妙に納得。

年をとるとキラキラしたものを求めるのは、失っていく輝きを求める本能のようなものなのです。

キラキラをつけても嫌味なく似合うのは大人の特権ですね。

ありのままの自分を知る全身鏡

正面だけでなく
横向きチェック
も忘れずに！

3ヵ月鏡を見ないで過ごすと、人間は顔つきが変わってしまうほど、老けてしまうのだそうです。自分を意識することは、人から見られることを意識すること。

きれいになるために、鏡を見ることは、とても大事なことだと思います。

私の家には、あちこちに鏡が置いてあります。イケアで買った小さく薄い鏡はトイレやキッチンの壁にポスターのように貼れて便利です。大きな全身鏡は、「40歳超えてこの柄はないね」「その二の腕をそんなに出しちゃまずいでしょ」「ちゃんとした下着をつけ

家のあちこちに鏡を置いています

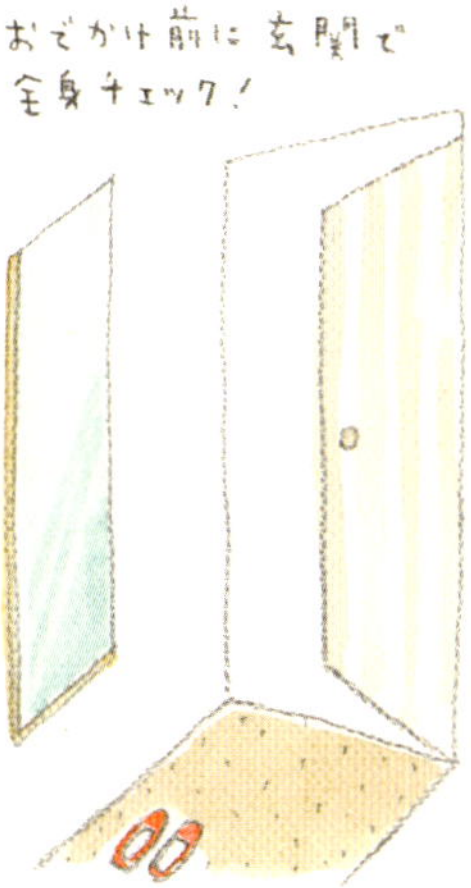

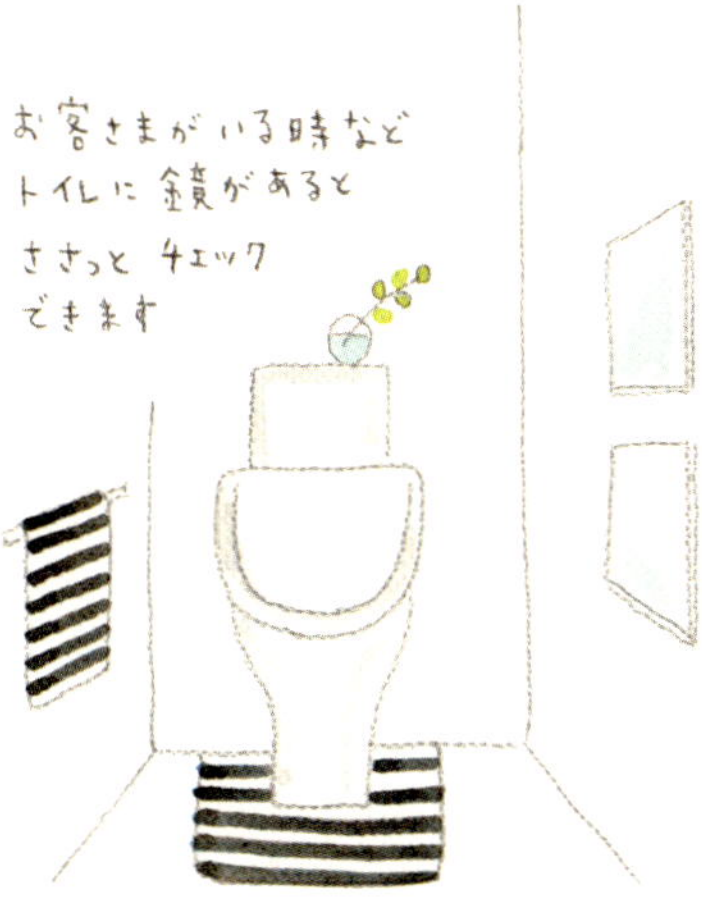

なきゃみっともない！」と、お出かけ前の私にありのままを教えてくれます。

　さらにもうひとつ大事なのは、自然光があたる場所の鏡です。窓のない洗面台の鏡では見えなかったシミ、しわ、毛穴、白髪が、はっきりと映ります。人と会うときはこの姿の自分が映るのですから、きちんと自分を知っておかないと恥ずかしい。

　とは言え、お風呂あがりに全身鏡に映された自分の体（しかも横向き）を見るのは、本当に悲しい現実なのでとても勇気がいります。

40代おしゃれに必要なハズシの心得

40代のおしゃれに必要なテクニックは、ハズシの心得。着こなしがきちんとし過ぎるとおばさんくさいし、カジュアル過ぎると、品がない。この間のところで、遊びのあるおしゃれができたら素敵です。

娘の入学式に黒いワンピースを着たら「お葬式に行くみたい」と娘につっこまれたという友人の話は笑ってしまったけれど、これはいい例。どこかひとつハズすことが大事になってくる年齢なのではないでしょうか。

たとえば黒いワンピースの足元を肌色ストッキングからカラータイツに変えるだけでも印象は変わります。リュクス×カジュアル、ハード×フェミニン、ベーシック×トレンドなど、反対のものを組み合わせて、その分量の足し算、引き算でメリハリを出すことが大人のミックススタイルの楽しみ方です。

人と人との会話でも、ハズシのテクニックのある人はモテるし、かっこいい。たとえば、煮詰まったピリピリした会話のときに、その人の柔らかなひとことで場がほっと和んだりすると、大人だなあと憧れます。前提としてデキる人がハズすからこそ魅力的。

おしゃれも人間的にも、余裕のあるハズシのテクニックのある人になりたいです。

第二章

ゆるゆるカジュアルから、きれいめカジュアルにシフトしたい

30代のころによく着ていたゆるゆるカジュアル。
そこから「卒業」するべく、
6つの計画を立ててみました。

靴できれいめにシフトする

ぺたんこ靴からヒール靴へ

足元に可憐さを演出してくれるバレエシューズですが、カジュアルな印象が強いのも事実。
少しヒールのある靴に変えるだけで、ぐっとスタイルアップできます。

足が長く細く見えます
裸足ではくのがかわいい

6cmヒールは、歩きやすく、美脚効果があるので全体が下がってくるアラフォーには、スタイルをピリッと引き締めてくれる心強い味方です。

ロールアップしたデニムにもスカートにもよく合います。歩きやすく疲れ知らずで、色違いでいくつも欲しくなるほどお気に入りのバレエシューズ。

ムートンブーツからブーティに

ぽってりしたフォルムが可愛くカジュアルな装いにはぴったりのムートンブーツ。
でも、少しきれいめに着こなしたいときは美脚効果もあって歩きやすいブーティがおすすめです。

意外と
スカートにも
パンツにも
合います
ポッテリした
シルエットが
かわいいけど
子供っぽい

足元をブーティに変えることで、大人っぽい着こなしに変身しました。ワンマイルウェアから、レストランのランチなどにもぴったりのおでかけウェアに。

暖かくてらくちんなムートンブーツは、一度履いたら手放せません。でも、コーディネートがゆるっとしてしまうのが気になります。

アクセサリーできれいめにシフトする

顔まわりの表情を明るくしてくれたり、コーディネートのアクセントにもなるアクセサリーは、きれいめスタイルの強い味方。

トレンド感をプラスするインパクトのあるアクセサリー

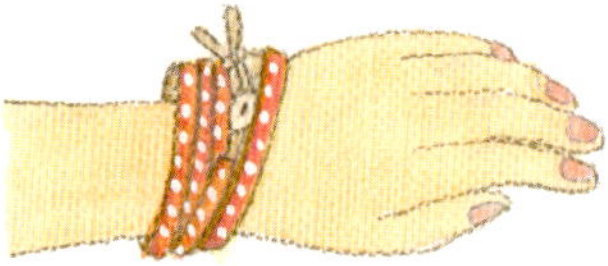

バングル

重ねづけは腕をほっそり見せてくれる効果が。腕時計と合わせても。

ロング ネックレス

つけるだけで普段の着こなしをワンランクアップさせてくれます。胸下〜おへその長さを。

キッチュな ピアス

存在感たっぷりのピアスが遊び心を演出。トップスはスッキリまとめると好バランス。

遊び心のあるブローチ

会話が始まるような楽しいブローチを胸に。いくつか重ねづけするとかわいい。

長く使える上質でシンプルなアクセサリー

ゆれるピアス

小さくても女性らしい雰囲気を
醸し出してくれます。きれい色
を選べば差し色としても活躍。

パールのネックレス

顔色を明るく見せてくれ、シック
にもカジュアルにも使えます。本
真珠で大人の着こなしを。

きゃしゃなネックレス

肌になじむゴールドとダイヤが、
自分の一部のように輝きます。
何本か重ねづけしても。

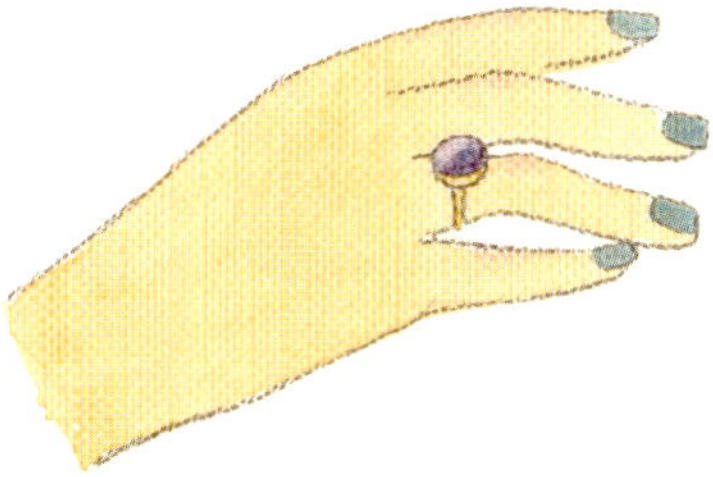

パワーストーンのリング

つけているだけで、ふだんの毎
日を輝かせてくれます。天然石
だから大ぶりでもしっくり。

ジャストサイズで
きれいめにシフトする

太ったからと、大きめの服を着るとよけいに太って見えてしまいます。
どこかにジャストサイズのものを選んで着こなしにメリハリを！

コンパクトジャケット

コンパクトな肩のジャケットなら、きちんと感、おしゃれ感も出しつつ体のラインをきれいに見せてくれます。

大きめジャケット

40代が大きめのジャケットを着ると、堂々とした雰囲気が出てしまい可愛げがなくなってしまいます。

ゆるっとした所と
ピタッとした所がある
「ゆるピタ スタイル」
を心がけて

テーパードパンツ

ボリュームのあるブラウスに合わせて、ほっそり見せる。足首を出すことで、より華奢な印象に。

ショートパンツは
かっこよくも
かわいくも
着こなせるアイテム！

ショートパンツ

パンツとカーデの裾の長さを合わせると、全体のシルエットがまとまってすっきり。

バングルをつけて
腕が細く見える
効果をUP！

七分袖

二の腕、お腹まわりを隠してくれるふんわりワンピは、デコルテ、腕など細い部分を際立たせると着やせアイテムに。

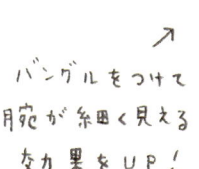

ゆるゆる→きれいめ計画④

アウターできれいめにシフトする

コートは、中の洋服をすっぽり包んでしまうアイテムなので、
なるべく飽きのこないベーシックなものを選びたい。

上質なウールと
細身のシルエットが
大人っぽさのカギ
ピッタリサイズの
一着を手に入れたい!

ダッフルコート

肩まわりがコンパクトでシルエットのきれいなダッフルコートは、何にでも合わせやすく着まわし力も抜群。

トレンチコート

定番として何歳になっても着られるトレンチコートは、はおるだけで大人のきれいめスタイルに。

ダウンが
温かいから 冬でも
インナーは薄手の
おしゃれが
楽しめるのはうれしい

ダウンコート

リッチなファーと細身のスタイルが大人っぽいダウンコートは、冬のおしゃれに欠かせません。ひざ〜ひざ上丈が使いやすい。

おしりまで
すっぽり かくれる
ニットコートは
春や秋に大活躍!

ニットコート

柔らかな着心地で女らしさを醸し出すニットコートはデニムと合わせて甘辛コーデに。薄着でも暖かい上質な一着を選びたい。

やわらかな
丸いラインが
女性らしくて
キュート!

コクーンコート

クラシカルな印象のコクーンコートは、体型をカバーしつつも七分袖なので細い手首が見え、全体的な着やせ効果も。

ゆるゆる→きれいめ計画⑤

ストールできれいめにシフトする

冬は防寒、夏は冷房、日焼け対策と１年を通して出番の多いストール。素材や色、柄の違いでいろいろな表情が出せるのもいいところ。

くるくる巻き

すとんとしたワンピースに巻くだけで、おしゃれっぽく、おでかけ度もアップ。色のコントラストをつけてメリハリを。

マント風

大判ストールで全体をすっぽり包んでしまうと、暖かいアウターに。大きめピンブローチがさりげないアクセント。

ストールの上から
ベルトを締めて
アクセントにしても◎
↓

ベスト風

前に垂らしてロングベスト風に。優しさ、柔らかさがプラスされて大人らしい印象になります。

大判ストール

顔まわりに明るい色を持ってくると、肌うつりもぐんとよくなります。時計や靴にもきれい色をリフレインするとおしゃれ。

↑
赤を差し色に
すると大人っぽく
おしゃれに
見えます

ストールを
巻くだけで
おでかけ感
が ぐぐっと
上がります
↓

シングル巻き

無造作にひと巻きすると、こなれたムードに。ロングの人はぜひ髪をすっきりまとめて着こなしたい。

ヘアスタイルできれいめにシフトする

年齢を重ねると、白髪やうねり、クセが出てきたり、ツヤがなくなったりと髪の悩みもつきません。−5歳に見えるヘアスタイルを選びたいものです。

ルーズ感を出す

うねりやクセもニュアンスに変えて、程よいルーズさと空気感があるウェーブでオシャレ度アップ。

前髪を作る

前髪のスタイルは積極的にチェンジしてみると、若々しい顔立ちに見えるスタイルがみつかるかも。

トップにボリュームを出す

トップがぺちゃんこだと、実年齢より老けてしまいます。カットやブローでボリュームを出すことを心がけて。

分け目を作らない

いつも同じ分け目だと地肌が目立つこともあるので、分け目を作らず髪の根元が見えない無造作ヘアに。

ロクシタンの
リペアリングシャンプー
で洗うと しっとりします!
香りも大好き

白髪を染める

白髪は40代の深刻な悩み。なるべくサロンで染めて、髪の傷みは最小限におさえたい。

ツヤを出す

ヘアアイロンでセットすると、驚くほどツヤツヤに。サロンでのケアや、トリートメントなど毎日のケアも忘れずに!

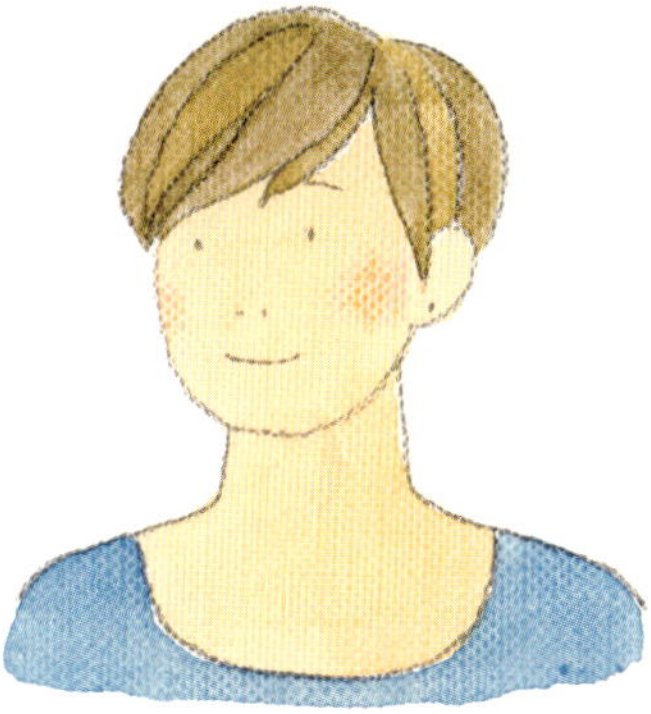

ショートカットにする

パサパサの傷んだ髪を伸ばすくらいなら、潔くかっこいいショートヘアの大人を目指すのも素敵です。

自然な茶色に染める

真っ黒のままだと、柔らかさやおしゃれ感が出しにくい。肌の色を若々しくきれいに見せてくれる色にカラーリング。

欲しいものノートを作ろう

いつも、いつも、欲しいものがあります。物欲には波があるのですが、やっぱり欲しいものってなくならない。私はそんな欲しいものをイラスト付き、価格付きでノートに書き留めています。高くて買えなそうな憧れのものから、すぐにでも必要なものまでいろいろです。

書いているだけで、手に入らないものもありますが、「自分の好きなもの」がはっきり分かること、分かっておくことは、自分の気持ちの整理ができて、とてもすっきりするんです。

あと、書いておくことで無意識にアンテナを張ることができるので、街を歩いていても、ネットを見ているときにでも、欲しいものの情報が引っかかってくることも増えるような気がします。
知らず知らずに手に入るものもあるけれど、欲しいと思わなければ手に入らないものも、必ずあると思います。

今、私がほしいもの

○ervaのがま口バッグ　○duvetica kappaのダウン　○MARNIのブーツ
○カシミアニット　○fs/nyのバレエシューズ　○トレンチコート
○diptyqueのオードトワレ「オー ローズ」　○ゴールドの極細リング
○CÉLINEのトートバッグ

第三章

大人の
新・ベーシックワードローブ

きれいめにシフトしてから、ベーシック服にも変化が。
昔から変わらず好きなもの、使いやすいものでも、
色やシルエットを変えれば
グンと大人の着こなしに近づきます。

これだけは持っておきたい！
新定番12アイテム着まわしコーデ

自分の体型、スタイルに合った定番服は毎日のコーディネートの強い味方です。誰もが持っている定番服ですが、着まわし、着こなしの違いで「自分だけのおしゃれ」ができあがっていきます。

カジュアルジャケット

Vネックセーター

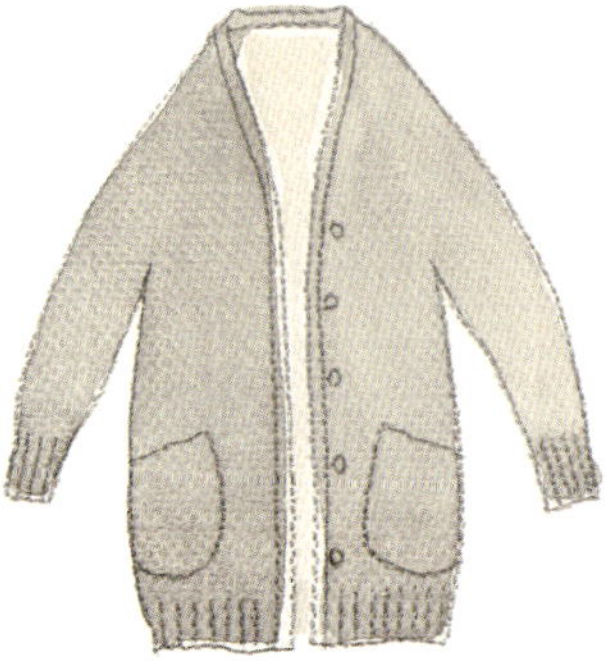
ロングカーディガン

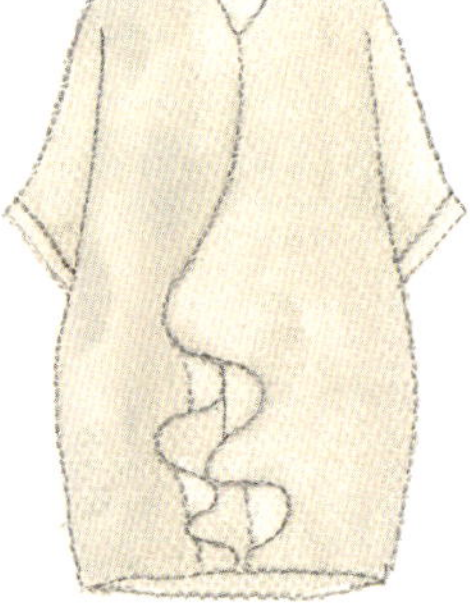
パーティワンピ

トレンチコート

ブラウス

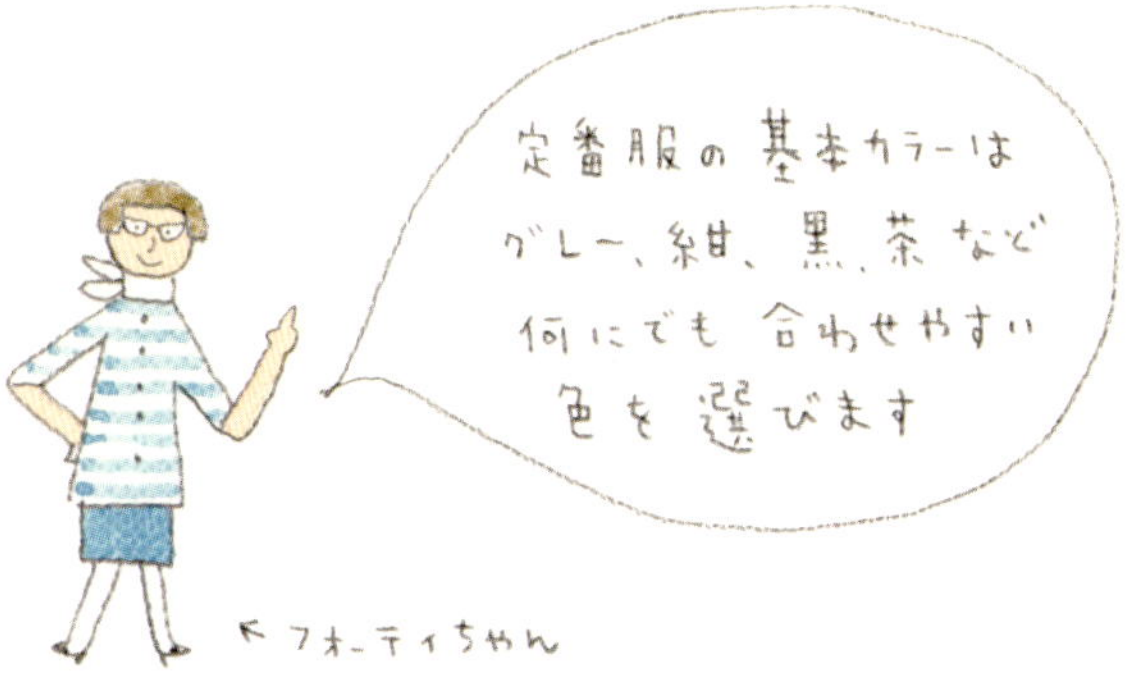
定番服の基本カラーは
グレー、紺、黒、茶など
何にでも合わせやすい
色を選びます
←フォーティちゃん

リネンワンピ

ボーダーシャツ

ステンカラーコート

ワークパンツ

デニムパンツ

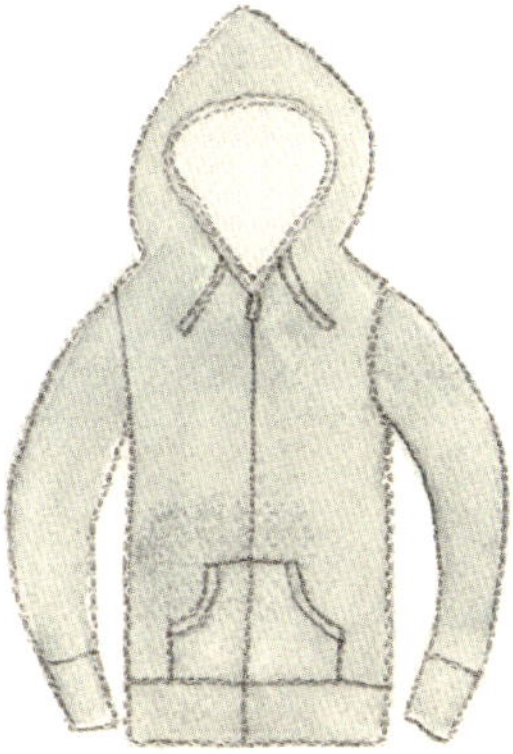
パーカー

Vネックセーター

薄手でほどよくフィットするものを選ぶと、
胸元はもちろん、体のラインを
スッキリきれいに見せてくれます。
ジャケットやワンピースのインナーとしても。

甘×辛ミックス

やわらかなピンクのジャケットにマニッシュなワイドパンツとレースアップシューズを合わせて。

きれいめカジュアル

ベリーカラーのストールとパンプスを差し色にした鮮やかなコーデ。他の色はシックに抑えて。

華やかクール

ファーストールにレオパードパンツを合わせたワイルドなスタイル。全体の色をモノトーンにすると品よくまとまります。

ボーダーシャツ

永遠のベーシックアイテム。
首もとは広めに開いたものを
選んで。ブラック＆ホワイトが
子どもっぽくならず、おすすめ。

パリ風

カラーを、黒、赤、白の3色でまとめて、パリジェンヌっぽく色で遊ぶスタイルに。

冬マリン

短めのジャケットを合わせて冬のマリンスタイルに。足元はエスパドリーユで軽やかさを。

大人ポップ

柄×柄の遊び心あふれるカラフルでポップなコーデは、周りまでわくわく楽しい気持ちにさせてくれそう。

パーカー

季節を問わず一年中着まわせる
便利なアイテム。
若々しさ、カジュアルさ、
軽快さをプラスしてくれます。

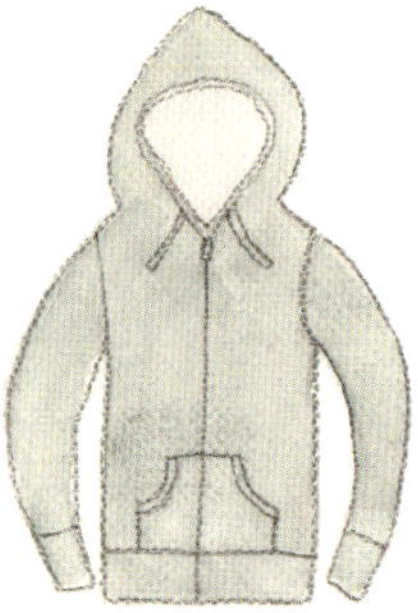

おしゃれワンマイル

らくちんワンピにパーカーをアウターにすると、甘さを抑えたリラックススタイルに。

きれいめカジュアル

きちんとしたきれいめスタイルに、パーカーをプラスすると、ラフだけれども大人っぽいカジュアルに。

大人リラックス

公園へお散歩スタイル。動きやすいパーカーにキュロット。インナーには襟付きシャツ、アウター風にストールを重ねて。

カジュアルジャケット

40代がかっちりしたものを着ると、
老けたり、偉そうに見えたりするので、
やわらかな素材のジャケットをチョイスして
大人の女性らしさを。

休日スタイル

肩がコンパクトなサイズのジャケットは、ボリュームのあるボトムと相性抜群。

お仕事カジュアル

インナーにはフレッシュで爽やかな印象を与えるストライプシャツを。ベルトを見せて腰まわりをすっきりと。

大人トリコロール

いつものアイテムをちょっと、きれいに、きちんと感を出してくれるのがカジュアルジャケットの魅力。

ロングカーディガン

おしりが隠れるロング丈は
大人カジュアルの定番。
何にでも合わせやすいグレーは、
着まわし力抜群です。

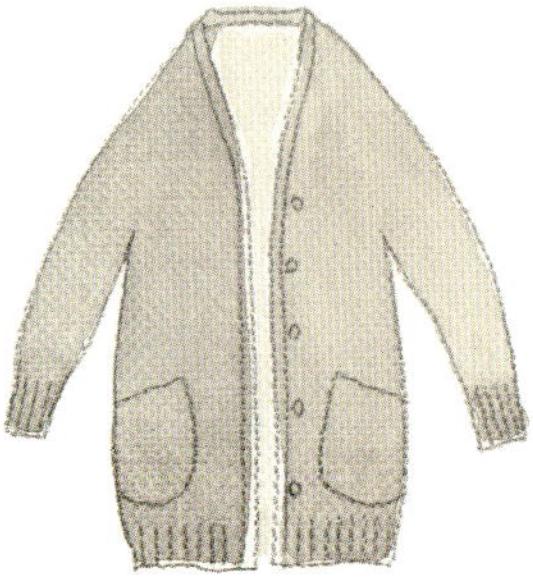

大人スイート

前開きのプリントワンピに合わせたフェミニンなスタイル。クラシカルになりすぎないようタイツでなくレギンスを合わせて。

大人辛口カジュアル

黒のきれいめパンツを合わせた定番大人カジュアル。ストールをまかずに垂らしてネックレスをちらり。

デイリー

軽いアウターとしても使えるロングカーデ。キュロット、ストールと合わせたデイリースタイル。

ブラウス

広がるラインでリラックス感のある
シルエットが大人かわいいブラウス。
夏は一枚で、秋冬は重ね着として
着られます。

夏のおでかけ

デニムに麦わら帽子やレースの付け襟などガーリーな小物をプラスした夏のおでかけスタイル。

重ね着コーデ

タートルの上に重ね着すれば、秋冬も着られるので1年中クロゼットで出番待ち。着まわし力も抜群なんです。

プチドレスアップ

きれいめパンツとパンプス、ロングネックレスを合わせれば、レストランにも行けるおでかけブラウスに変身。

ステンカラーコート

オーソドックスなデザインは
年齢を重ねても着られます。
カジュアルなだけでなくジャケット代わりに
きちんと感も出せる万能コート。

北欧スタイル

斜めがけバッグをポイントにしたカジュアルコーデ。イエローをちらりのぞかせて、チャーミングな大人ファッション。

きちんとスタイル

カシミアニットときれいめパンツを合わせて、ビジネスにも使えるきちんとスタイルに。

秋色コーデ

パープルのワンピースに相性のいいブラウン系のカラータイツ、パンプスを合わせた秋色スタイル。

大人の新定番アイテム⑧

リネンワンピ

ゆったりしたシルエットで、
重ね着にも便利なアイテム。
小物を変えることで、デイリーにも、
おでかけ着にも使えます。

ワントーンミックス

全体をインディゴブルーでまとめたワントーンミックススタイル。藍色の様々な表情を楽しんで。

シンプルエスニック

ロールアップしたパンツを合わせて。赤い珊瑚のネックレスとブレスレットをポイントに。

大人ガーリー

ブーツ、かごバッグを合わせたガーリースタイル。イタイおばさんにならないよう、ボリュームのあるストールで大人っぽさを。

デニムパンツ

今までも、これからも、
必ず1本は持っているもの。
毎日使う生活道具の
一部のような存在です。

渋可愛ワンマイル

デニムにからし色のロングカーディガンを合わせたラフなワンマイルコーデ。ストールを合わせてこなれた感じに。

大人クラシック

ボタンを留めたカーディガンをセーター風に着たシンプルな着こなしが大人かわいい。バッグ、靴はクラシカルに。

クールカジュアル

女らしいVネックのロングニットにワークブーツとハットを合わせた甘×辛ミックス。ファーストールで大人っぽさを。

ワークパンツ

メンズライクな丈夫さ、強さが持ち味。
コットン素材で動きやすいので、
仕事着としても
おしゃれ着としても重宝。

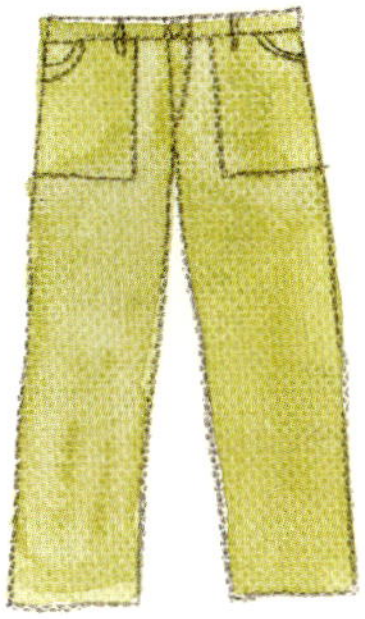

エレカジ

五分袖のカシミアセーターにパールのネックレスを合わせてかわいさと高級感をプラス。赤いバレエシューズで華やかに。

辛口フェミニン

強い素材のワークパンツに、フェミニンなブラウスを合わせて。バランスをとるためロールアップすると女らしさがアップ。

きちんとコーデ

ラフなワークパンツにきちんと感のあるジャケットをプラスすると、かっこいい大人の着こなし。大きめバングルでハズシを。

トレンチコート

おばさん刑事《デカ》にならないために、
自分に合うサイズ、丈を選ぶことが大事です。
ぴったりのものをみつけられたら、
長く着られる一生ものになることまちがいなし。

きれいめカジュアル

ボーダーシャツ、スリムパンツを合わせた、きれいめカジュアル。ななめがけの小さなバッグでよりアクティブな印象に。

大人かわいい

黒とベージュの2色でまとめたシックなコーデなら、ひざ丈ワンピースも大人かわいく着こなせます。

ブリティッシュクール

きれいめチェックパンツにパールとパンプスを合わせて、保護者会にもぴったりなクールなスタイル。

パーティワンピ

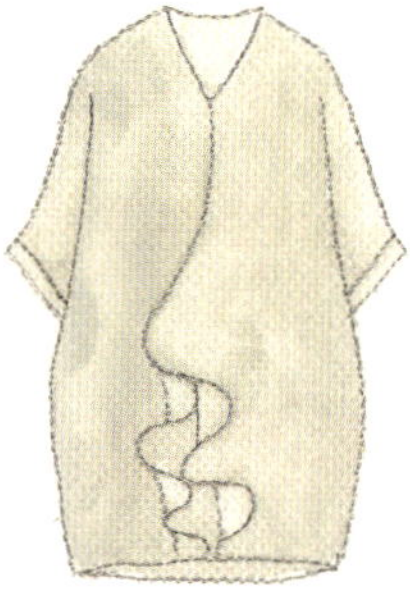

胸元の開き具合とドレープがエレガントで
女性らしいシャンパンゴールドのワンピース。
おなかまわりはゆったりでも肩と腕のラインが
スッキリしていると、太って見えません。

カジュアルダウン

カーディガンとトレンカでカジュアルダウンすれば、パーティ以外のちょっとしたよそいき服にも使えます。

エレガントパーティ

ファーティペットをかけるだけで、華やかさがプラスされ、リッチなイメージに。フォーマルなシーンにもぴったり。

王道ドレスアップ

プチプラの3連パールネックレスとパールブレスレットで遊び心あるパーティスタイルに。

COLUMN 3

大人になったら「そのまんまスタイル」は卒業

小学生の頃の写真には、ミッキーのTシャツにミッキーのバッグ、全身ミッキーマウスの服装でピースサインの私が写っています。当時の私の最上級のおしゃれに満足気な笑顔です。

そんな私の高校時代。タータンチェックのスカートにおでこ靴をはいた私が古着屋でみつけたものは、デッドストックのミッキーマウスの顔の付いたベルトです。最高のものをみつけた！ と学校内でもひときわおしゃれだった友人に見せると、一言「まんまやん！」と言われてしまいました。

つまり、「そのまんまでは、おしゃれではない」ということを友人は教えてくれたのです。いかにもミッキーマウスが好きそうな女子がミッキーマウスのベルトをしていても、ちっともおしゃれではないのです。秋葉原でオタクの人がAKB48のキャップをかぶってリュックを背負う、などの「まんまスタイル」と同じ。自分のキャラクターやポリシーを何も考えずにそのままファッションに取り入れると、一歩間違えばダサくなってしまうんですよね。

私は今でも服を選ぶとき、「まんまやん」というものに手を出してしまいがち。たとえばてんとう虫柄のワンピースなど、キャッチーでかわいいものに、どうしようもなく魅かれてしまうのです。そのたびに、ダメダメ！ これじゃあ、まんまやん！ と、おしゃれな彼女のことを思い出します。

第四章

大人のクロゼットはシンプルが基本

おしゃれの基本は、
何がどこにあるかすぐわかる、
スッキリしたクロゼット。
私なりの整理術をお伝えします。

私の クロゼット

クロゼットの中はパンパンなのに 着る服がない！

クロゼットの中に洋服はたくさん入っているのに、着る服がない。毎朝、「何を着よう？」と思ってしまうのは、「未コーデ」の服がたくさんあるからかもしれません。クロゼットに、同じようなボーダーシャツが何枚もあったり、同じようなパンツが山ほど入っていたりしませんか？

たくさんあるのに、結局ついつい手にとってしまうのは、このトップスにはこのインナーにこのパンツ、と何度も着たことのある全身コーディネートが決まっている服だったりします。

便利そう、なんにでも合いそう、と思って買ったカットソーや、かわいい！　と買ったけれどそれに合うボトムスのないブラウスはいつまでたっても出番がないまま……。

あれこれ服を買っているのに、着る服がないのは、コーディネートが決まっていないからかもしれません。

ハンガーを同じもの
にすると、スッキリ収納
できます
IKEAの
マルチユースハンガー
折りたためる
帽子
シーズンオフの
ものは、衣替え
をして、押し入れ
に収納
ストール
ドアを利用して
壁面収納
しています
カットソー
トップス
パンツ
レギンス
タイツ
無印良品の
収納ボックス
靴
箱の中は季節
によって入れ替えます
見えない場所
にしまいこむと、着な
くなってしまいます。
一見して、把握
できるとイイですね。

全身コーデを作っておこう

シーン別、距離別に全身コーディネートのパターンを作ってみると、あぶれている服が分かります。あぶれた服は思い切って、クロゼットの外へ出してしまいましょう。

ぎゅうぎゅうに詰まっていたクロゼットがスッキリして、見やすくなると、毎日の服選びがスムーズに楽しくなります。

つば広帽子
+
シャツワンピ
+
デニム
ストール
+
ボーダーシャツ
+
ワークパンツ
パーカー
+
ゆるパンツ

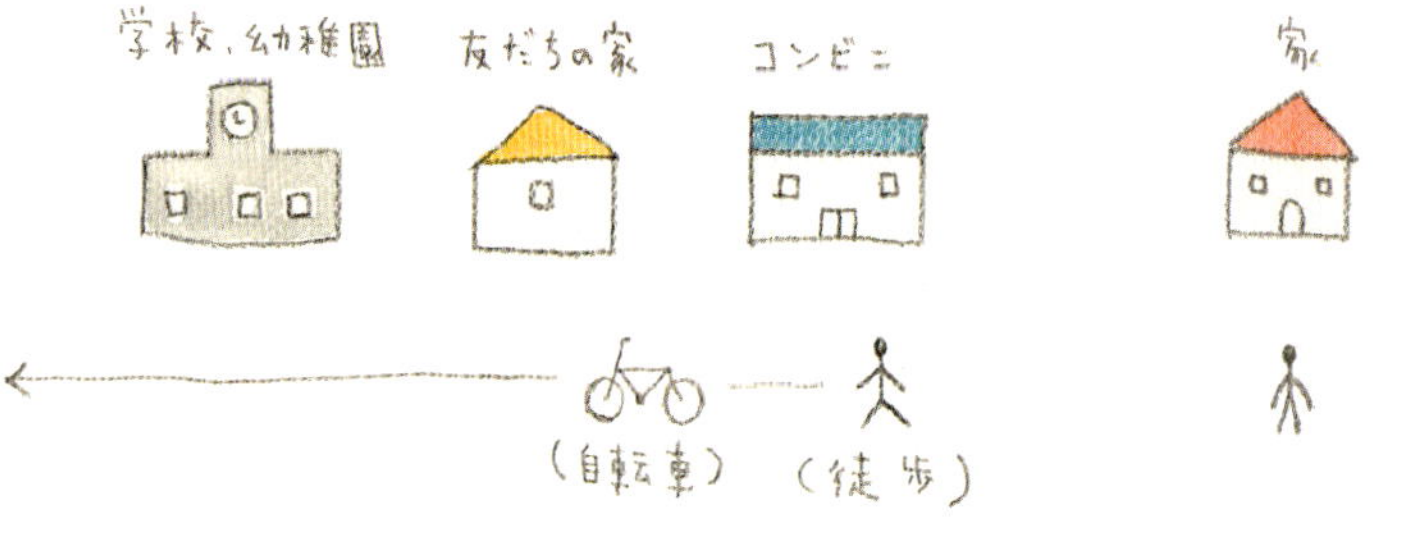

学校、幼稚園
友だちの家
コンビニ
家
(自転車)
(徒歩)

メイクの濃さも左に進めば進むほど濃くなります
コーデが決まってるとアレコレ悩まなくていいからササッとでかけられます
デザインワンピ
+
ブーツ
カーディガン
+
ワンピ
+
タイツ
タートルネック
+
ワンピ
+
レギンス
コーデュロイワンピ
+
タイツ
ディナー
仕事の打ち合わせ
ショッピング
お茶、ランチ
(電車)
(バス)

着ない服の処分の仕方

小さなハッピーのために着ない洋服は処分する

着ない服を持っていても、狭い家がよけい狭くなるだけなので、3年間袖を通さなかった洋服、コーディネートからあぶれた洋服は処分することにしています。

まだまだきれいなものは↓着てくれる人にあげる。人にあげるほどでないけどまだ着れるものは↓部屋着、パジャマにまわす。古くて汚れてしまったものは↓ぞうきんにしてしまうか、潔く捨ててしまう。

持っていていい服の分量の目安は自分のクロゼットに入る量。入りきらないものは持たないこと。3年間着なかったものは処分しましょう。30代、40代は自分自身のライフスタイルや体型が大きく変わる時期でもあります。3年間というのは、意外に変化が大きいもの。

毎シーズン毎シーズン、1枚でもいいから、新しい服を買う楽しみがあるほうがいい。新しい服を着るとウキウキ気持ちが弾みます。私にとって服を処分することは、クロゼットに小さなハッピーのスペースを空けるために必要なこと。洋服を入れ替える作業は、おしゃれのためにしなくてはいけない大事なことなのです。

1. 人にあげる
着ないのは処分しちゃってねー
我家の服は弟家族にもらってもらう
いつも着てくれてる
新しい服を買うのが好きなので、あげる人がいるのはウレシイ
2. 売る
ブランドものはオークションに出したり、古着屋に売ったり。
コレっぽっちか
300
500
フリマに出店
3. リメイクする
カットする
ミシンで周りとバッテンをぬう
Tシャツぞうきんの作り方
4. 捨てる
ありがとうさよなら

クロゼットを
スッキリさせる
4ステップ

クロゼットの整理をしながら
自分の気持ちも整理する

若いころは、ひとり旅をして自分の気持ちの整理をしていましたが、41歳の今は、クロゼットの片づけや家の掃除をしながら、気持ちの整理をしています。

私にとって自分の気持ちを整理することとは、「今の自分が思っていることを、ていねいにひとつひとつ確認していくこと」です。

この大事な確認作業が、クロゼットの片づけをしながらするのにぴったりなんです。

クロゼットの整理をしながら、

・今、自分が何をどれだけ持っているのか
・何がいるものでいらないものなのか
・どこに何があるか
・これから何が必要なのか

という4つの質問を頭の中で繰り返し、作業をしていきます。

01

今、自分が何をどれだけ持っているのか？

まず、クロゼットを空っぽにします。クロゼットの中には、意外とたくさんのものが潜んでいます。思いきって、全部を引っ張り出してしまいましょう。元に戻すのがうんざりするほど、たくさんの服を持っていることに驚きます。

　ひとつずつ、片づけていくのですが、そのとき、この一年を通して着たもの、着なかったものに分けます。着る頻度の高いものから片づけて、出番の少ない服はよけておきます。

　そうすると、クロゼットの中には、よく着る服だけが並びます。

（自分さがし）

パンパンにふくらんだクロゼットのように自分のキャパシティ以上のものをかかえこんでいないか？　意味のないものを持ち続けていないか？　を自問自答します。

　心のもやもやを見つけることが、ふだんの暮らしでは後回しになることが多いのですが、ひたすら片づけや掃除に没頭すると、心の内側が覗けるような気がします。

02

何がいるものでいらないものなのか？

クロゼットの中身を改めて把握すると、何でこんなに似ているものばかりあるんだろう？　と自分の好みの傾向に気がつくことも多いものです。本当に必要なものだけに絞ることで、自分にとっての定番服や、いるものといらないものが分かります。

01でよけた、最近着ていない服。痩せてから着よう、など捨てないための言い訳をしてはいけません。痩せたら新しいものを買うことの方がずっと素敵です。

大事なのは今、着るか、着ないか、なのです。

○
×
自分に必要なものだけクローゼットにもどします

(自分さがし)

いらないものが分かるということは、自分にとって大事なもの、大好きなもの、必要なものだけが残るということ。

もし、それが人なら、自分にとってなくてはならない大切な人に感謝しようという気持ちになります。

人ではなく、それが夢や仕事のことだとしたら、自分にとってできることは、そんなに多くないから、今できることをがんばろう！　という気持ちになります。大切なものや人は少なくていいのだと勇気が湧いてきます。

03
どこに何があるか？

見えないところにしまったものは使わなくなってしまいますが、あえて見えない場所で大事に所有している服もあります。

それは、特別な日に着た服や、一目惚れして買った服などずっと手元にとっておきたい思い出の洋服たち。そんな愛しい服は、ときどきクロゼットから出して陰干しなど手入れをして大切にしています。

実用的な洋服の役割はなくなってしまったけれど、クロゼットの隅にあるだけで幸せな気持ちになれる、宝物なのです。

思い出のワンピースを日陰干し
結婚パーティのときに着てたなー

(自分さがし)

大事なものを持っていることは、自分の強さ、自信になります。

ときどき遠くで思っている家族や友だち、大切な宝物を確認すると、自分の真ん中に揺るぎない芯がまっすぐ一本入っているような、やさしく強い気持ちになれるんです。「まだまだ、がんばれそう！」と根拠のない自信が湧いてきます。

０４
これから何が必要なのか？

自分の持っているものを把握すると足りないアイテムが分かり、具体的に着てみたい服装のイメージも湧いてきます。欲しいと思っていたものでも、クロゼットの中に代用できるアイテムがあると分かると、無駄なものを買わずにすむこともできます。

　さらにクロゼットを眺めていると数年後の自分が着たい服のイメージも湧いてくるはず。私は今は割とモノトーンの重ね着スタイルが多いので、今後はきれいな色のワンピースやブラウスを着たいと思っています。

小さな幸せが入る余裕スペース
処分するもの
足りないもの 必要なものが すぐに分かる クローゼットに なりました

（自分さがし）

今後あんなことができるんじゃないか？　とか、こんなことを勉強したい！　と思えるのは、今の自分に足りないものが何なのかを把握できたときに分かることが多いです。

　なりたい自分をイメージするには、いっぱいいっぱいの自分では無理で、少し余裕を持って離れた場所から、客観的に自分を見られたときに可能になるような気がします。

第五章

遊び心という
大人のスパイスを効かせよう

アニマルプリントやきれい色は、
大人おしゃれの強い味方。
おしゃれスパイスとして少し効かせると、
いつもの着こなしが見違えます。

スパイス①
キラキラアイテムで大人かわいく華やかな装いに

カジュアルスタイルにプラスするだけで華やかな雰囲気になるキラキラアイテム。大人の遊び心を上品に演出して。

ルースパウダーで
お肌に透明感をプラス

ふわりとつけると上品な大人のツヤ肌に仕上げてくれます。

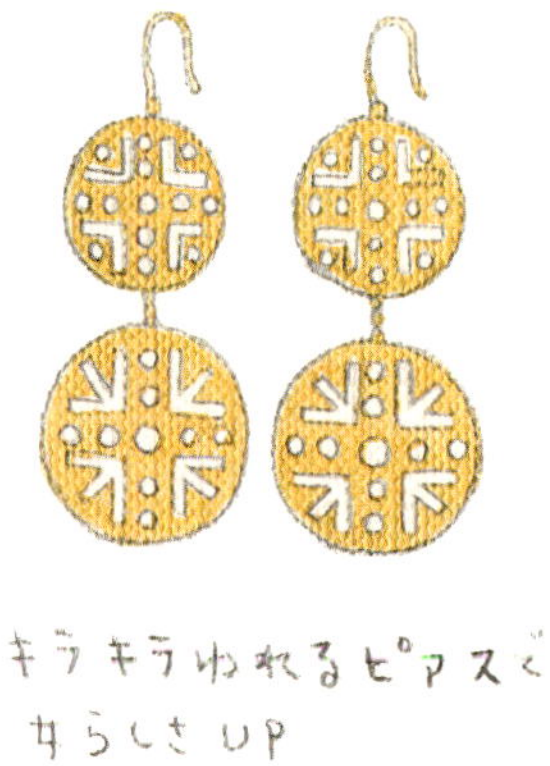
キラキラゆれるピアスで
女らしさUP

カジュアルな装いのときには女っぽいものをプラスしたい。

ゴールドアクセサリー
を黒でシックに
大人っぽく！

大胆に大ぶりのものをつければシンプルな着こなしがパッと華やかに。

ラメタイツで
ほっそり!

キラキララメが美しいシースルーのラメタイツで華やかな着こなしに。服と合わせやすいグレーやブラックが使えます。

ゴールド トートバッグで
大人 カジュアル

モードにも、POPにもぴったりで、装いのアクセントになるメタリックなゴールドバッグは、ひとつ持っているととても便利！

ゴールドのウォレット

やわらかい本革を使った品のいいゴールドの財布なら金運もアップしそう。

ビジュー付き
スリッポン

甲にパールやビジューがあしらってあるので歩くたびにキラキラ！ ヒールがなくても華やかに見えます。

夏は ゴールドサンダル
が 似合います

太陽の光を集めてキラキラ輝く大人女子をめざしたい！

キラキラアイテムは
カジュアルスタイルにさりげなく

年齢を重ねていくにつれ、自分自身がどんどんマットになっていくためか、キラキラアイテムに魅力を感じるようになりました。

10代、20代のころはゴールドはおばさんのもの、なんて思っていたのに、今ではすっかりゴールドが似合う年齢です。

若いころは似合わなかった大きめの揺れるピアスや長めのネックレス、キラキラアイメイクが、嫌みなく似合うようになったのはうれしい。顔まわりにキラキラがあると、気持ちも華やぎます。でも、付け過ぎには注意です！　若作りを超えてイタイ熟女になってしまいます。

ふだんのカジュアルな服に旬のエッセンスを取り入れてくれる大ぶりのキラキラアクセサリーは、H&Mや、フォーエバー21などのファストファッションのお店で買っています。種類も多く値段も安いので選ぶのがとっても楽しい。少女

大きめの揺れるピアス

キラキラアクセを、じゃらっとつけても下品にならないのが大人の特権。シンプルめのデザインを選んでシックに。

のころのように気持ちも若返ります。
流行のものは、1シーズンつけられたらそれでいいし、トレンドアピールもできるのがうれしいところです（誰にアピールするわけでもないのですが）。

シルバーやゴールドのバッグやバレエシューズは、おめかし用ではなくあくまでもふだん使いでカジュアルに使うのが、大人かわいいポイントです。デニムやシャツのさらっとしたコーデのアクセントに取り入れるとふだんの装いがちょっぴりランクアップ。

逆に、本物のゴールドや宝石は、値段は少々高くても10年、20年つけられるものを買えたらいいなあと思っています。自分へのご褒美に理想は一年にひとつずつ。でも現実的にはやっぱり5年にひとつ、10年にひとつというペースです。

シルバーや ゴールドのバッグ
意外とどんな服にもなじむキラキラバッグ。寒色系の装いにはシルバーを、暖色系の装いにはゴールドを持ってくるとコーディネートしやすいようです。

スパイス②

アニマルプリントは小粒でピリリと効かせたい

アニマルプリントを着るのはちょっぴり勇気がいるけど、おしゃれを底上げしてくれる強い味方です。面積の少ない小物で取り入れるとバランスが良くなるみたいです。

ハンドバッグ

小ぶりのものやアンティークのものを選ぶと派手になりすぎずに良いアクセントに！

ストール

一番取り入れやすいアイテム。ベージュ系がおすすめ。薄手のものと厚手のものを持っておくと、オールシーズン使えます。

ハラコのサボ

木のほっこり感が、ナチュラルなファッションにもぴったり。

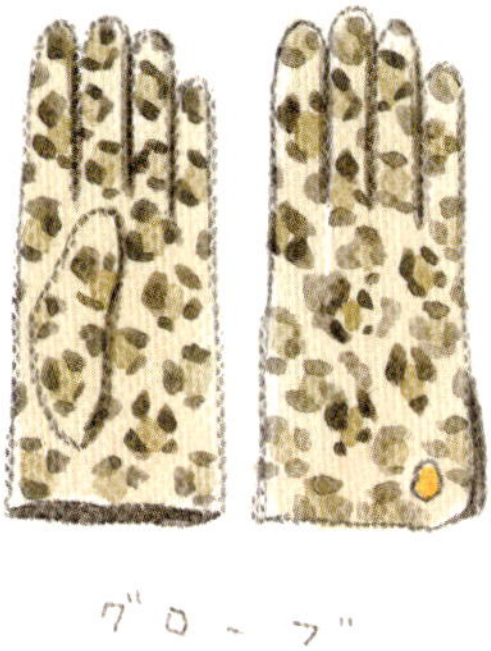

大人は手袋もおしゃれアクセントにしたい！　コートの袖からチラリと見せて。

ロングスカートからちょこっとのぞかせると素敵です。

少女っぽくなりがちなアイテムも、アニマルプリントを選べば大人の辛口に。

シンプルな装いでも、ヒョウ柄パンプスを加えるだけでぐっとおしゃれに。

アニマルおしゃれは素材と取り入れる面積が大切

アニマルプリントはある意味ワイルドなスパイスですが、上手に使えば、ふだんの着こなしにピリリと辛口のアクセントを添えてくれます。まずは、パンプスやストールなど、小物で取り入れて、大人かわいい攻めのファッションにチャレンジ。グレーなどひかえめな色のものや小さめのレオパード柄なら、ふだんのスタイルにも合わせやすいです。

まちがった取り入れ方の代表例は、セーターにバッグなど2つ以上のレオパード尽くし（大阪のおばちゃん風）、肌の露出を多めにしたセクシーレオパード（ヤンキー＆水商売風）でしょうか。あくまでもトレンドアイテムとしてさりげなく取り入れることを忘れずに！

大人かわいく着こなすには、ふだんのカジュアルなスタイルにちらりと見せることが、ポイントです。レースのブラウス＋デニムの甘いコーデに

レオパード柄

チープなものを使うと、とたんに下品に見えてしまうレオパード・ペラペラの化繊のものは避けたいところ。ファストファッションの中でもZARAのものは、値段の割に使いやすくおすすめです。

レオパード柄のシューズでパンチを効かせたり、シンプル服にさらっとレオパード柄ストールをまいてモード感をアップさせたり。

　インパクトのある柄をいかに品よく見せられるかがアニマルプリントを着こなすカギです。

　個人的には、黒、茶、グレー以外のピンクやブルーのレオパード柄はＮＧ。ゼブラ柄やジラフ柄もおしゃれ小物として使うのは難しいのでＮＧにしています。

　年齢を重ねて重宝しているのがファー小物。ここ数年、冬のおしゃれに欠かせないものになっています。ファーベスト、ファースヌード、ファーストールなどを愛用しているのですが、シンプルなニットワンピースにプラスするだけで、大人のリッチ感が漂う洗練コーデになっておすすめです。

レア・クレマンのファーストール

フランスのレア・クレマン（ｌｅａ　ｃｌｅｍｅｎｔ）のラビットファーストールはカジュアルにもおめかしにもぴったりで、とても重宝しています。巻き方のアレンジでまったく違った表情になるところもうれしい。

スパイス③
ビビッドカラーはパリジェンヌのおしゃれのイメージで

カラフルなアイテムを取り入れると、コーディネートだけでなく気持ちまで華やかでポジティブに！　大人はヨーロッパの女性のように、差し色としてさりげなく取り入れたい。

差し色カーデ

暗くなりがちな大人のコーデを、はおるだけでパッと華やかにしてくれる万能アイテム。

肌映りを明るくするストール

きれい色の力を借りて肌映りを明るく見せましょう。似合う色探しには試着も欠かせません。

エナメルパンプス

足元の差し色に、素足でも、タイツを合わせても。色が主張するぶん、形はシンプルに！

明るいブルーのバッグ

鮮やかなブルーがアクセントになり目を引きます。モノトーンコーデにもぴったり。

レモンイエローのななめがけバッグ

ビビッドカラーのバッグを主役にしたコーディネート。

チラ見せ用カラフルインナー

ドルマンＴシャツから色をチラリとのぞかせて。色違いで何枚か持っておくと便利です。

ネオンカラーソックス

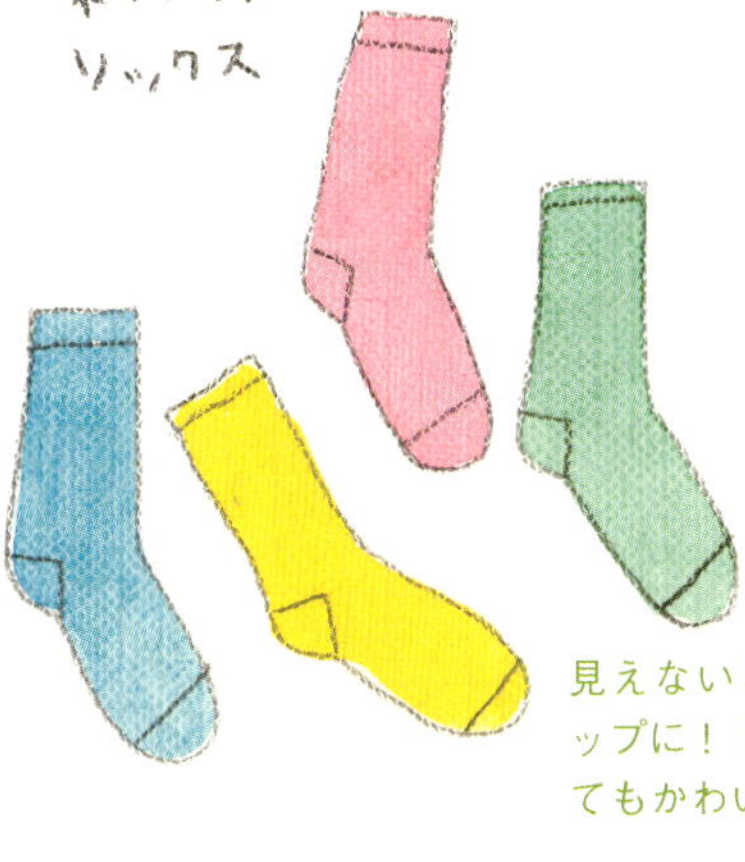

見えないところもカラフル＆ポップに！　短め丈でチラリと見せてもかわいい。

きれい色はおしゃれを底上げしてくれる強い味方

ヨーロッパを旅したとき、自分と同じ世代からおばあちゃんたちまでもがカラフルな色のおしゃれを楽しんでいました。きれいな色がはっとするほど新鮮で、こちらまでウキウキした気持ちになったほどです。装うことの楽しさを教えてもらった気がしました。

フランスマダムのおしゃれに憧れて、差し色に青いベレー帽をかぶってみたり、全身モノトーンのコーディネートに足元だけ赤いバレエシューズをはいてみたり、メリハリのある色のおしゃれを心がけています。

不思議なのですが、きれいな色が入ると、自分らしいおしゃれができているような気持ちになって、姿勢までよくなります。

自分の似合う色の組み合わせのレパートリーがあると、色のあるコーディネートに挑戦しやすいかもしれません。

バレエシューズ

フランスのレペットも定番ですが、fs／ny（エフエススラッシュエヌワイ）のバレエシューズは丸いラウンドトウが履きやすくて愛用しています。華奢に見えて、歩きやすいので、赤、黒、ゴールドの3色をそろえています。

パープルのワンピースにこげ茶のタイツというモーブな色合わせ、グレーのセーターにブルーのストール、黒×白のボーダーシャツに赤の差し色を効かせたコーデなどが私の好きな組み合わせです。

体や顔にたるみが出て、輪郭がぼやけてきているのでクッキリハッキリしたおしゃれが年々好きになってきています。

私のおすすめブランドは、カラフルでハッピーなテキスタイルのマリメッコ。

流行に関係なく古くならないデザインであること、張りのある生地でゆったりしたデザインなので体型をカバーしてくれることも、お気に入りの理由です。

マリメッコのワンピースに合わせるインナーやレギンスは、カラフルなものがたくさん売られている原宿で娘と一緒に探すのも楽しいものです。

マリメッコ

1951年の創立以来、優れたデザイン性を持つ実用品として、国や世代を超えて世界中の人に愛されているフィンランドのライフスタイルブランド。北欧旅行に行ったとき、子どもからおばあちゃんまで、マリメッコの洋服を着たり、スカーフを巻いたりしているのを見て感動しました。

スパイス④
アジアン小物をプラスすれば簡単おしゃれ上級者

ていねいな手仕事でディテールが凝っているエスニックアイテムは、個性的な大人の着こなしのスパイスにぴったり。服の色はアースカラーでシックに抑えて着こなすのがポイントです。

ジャラジャラつけたい
ビーズとポンポンの
ブレスレット

エスニックな趣のポンポンが目を引きます。ネイルの色を合わせても素敵です。

クラフト感たっぷりの
ストール

インディゴ染めは使うほどに味わい深い色に。手仕事ならではの変化を楽しみたい。

刺しゅうのきれいな
ヤオバッグ

カラフルな裂き織り、ていねいな手仕事が魅力のヤオバッグ。シンプルなデニムスタイルに。

ビーズのヘアゴム

エキゾチックなビーズが繊細で印象的。大人はヘアゴムにもこだわりたい。

使うほどに
あめ色になる
山ぶどうの
カゴバッグ

かごバックは、シックなはずしアイテム。清楚な着こなしにサラッと。

サルエルパンツ
も大人っぽく
着こなしたい

インナーに白のカットソーを着ると清潔感が出てさわやかな着こなしに。

アフリカの
テキスタイルの日傘

カラフルなのにノスタルジックなプリントはアフリカ独特の色使い。夏の日射しに映えます。

大人のアジアンスタイルは シンプルな装いに１点だけ

アジアのアクセサリーや織物、染め物をミックスさせるおしゃれをしている人を見かけると、暮らしや食べ物までこだわりのあるハイレベルなおしゃれさんのような気がします。

凛《りん》とした、でも温かい雰囲気はひとつひとつの手仕事が美しいアジアのアクセサリーや小物そのもの。毎日を大事にする大人だからこそ似合うものかもしれません。

でも、気をつけたいのは、民族調のもの、エスニックなもの、自然派のもの、土っぽいものは、ひとつまちがえると、安っぽく見えたり、汚らしく見えたり、だらしなく見えてしまいがち、ということ。

最近流行っているサルエルパンツもそのひとつ。私が着ると、おしりの垂れたぞうさんの後姿になってはいないかとヒヤヒヤ。なるべく色をシックに抑えて、シンプルに大人っぽく着るよう

サルエルパンツ
もともとは中東の民族衣装だったゆるパンツ。私はラオスで500円で買ってきたものをほどいて、作り方を研究し、自分のもの、子どものものと10枚ほど作りました。3枚の長方形の布をつなぎあわせればでき上がるシンプルなデザイン。

心がけています。

そのほかに私が楽しんでいるアジアンミックスは、ヤオ族のバッグやモン族のポシェット。旅先のラオスで買ってきたものなのですが、夏のシンプルなデニムスタイルに合わせると個性的な着こなしになります。カラフルで繊細な刺しゅうが目を引いて、友だちウケも意外にいいんです。

アジアのアクセサリーを取り入れやすくするには、洋服のベースカラーをアースカラーにするといいと思います。インディゴやカーキのカットソーには、ビーズのネックレスや自然素材で作られたバングルがよく似合います。

大人のアジアンスタイルは、清潔感を心がけて、ごくシンプルな装いにプラスするのがいいのではないでしょうか。

ヤオ族のバッグ
ラオスのルアンパバーンに旅行に行ったときに買った斜めがけバッグ。ヤオ族は東南アジア北部の山地に広く住む少数民族で、美しい刺しゅうは「ヤオ刺し」という名で日本にも紹介されています。

スパイス⑤
プチプラアイテムで賢く、かわいく大人のおしゃれ

お手頃価格のトレンドアイテムと上質なものをミックスして大人の着こなしに。ファストファッションだけでなく、若者ブランドのプチプラアイテムも要チェック！

トレンドアイテムは
ファストファッションで
スタッズ
パンプス

ライダース
ジャケット

旬なデザインは、H&MやZARAが狙いめ。ちょっと勇気がいるアイテムにもトライしやすい。

ニット帽

カンカン帽

いまいちコーディネートが決まらないときは帽子をプラス。フリーマーケットなどで掘り出し物を！

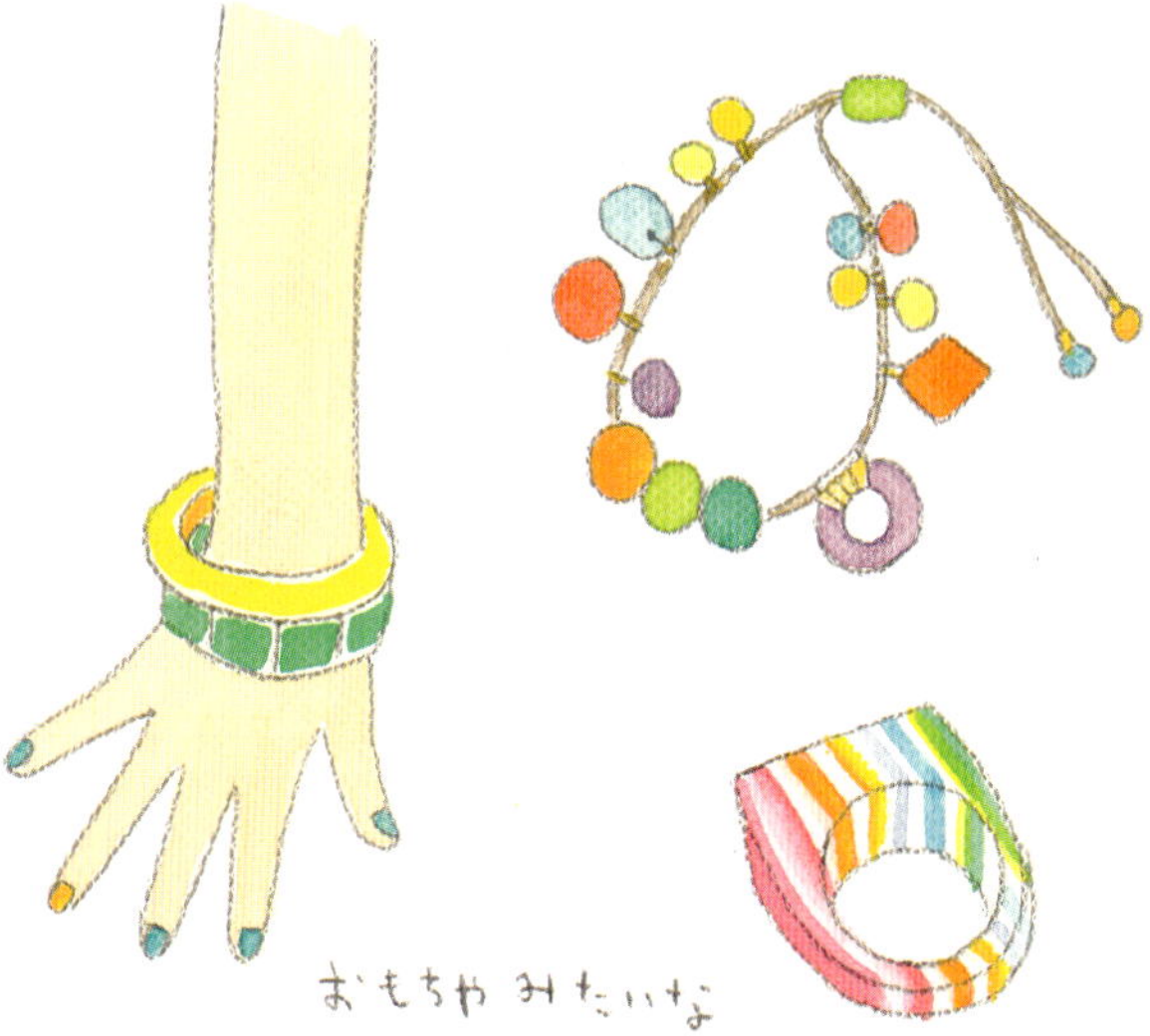

おもちゃみたいなアクセサリー

遊び心を忘れないかわいい大人は、キッチュなものが大好き！ FOREVER21には種類が豊富にそろっています。

毎年買い替えたいニットセーター

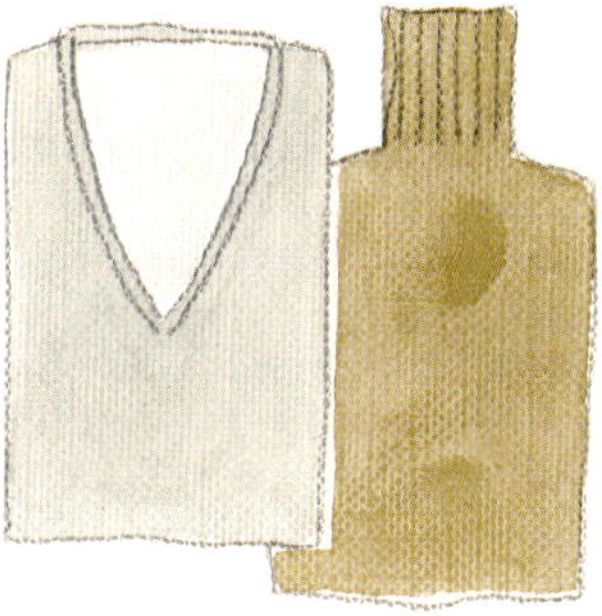

おしゃれの脇役は、シーズン毎にユニクロで新調しています。汚れても気にならないのが嬉しい。

消耗品のタイツやレギンス

マメに新しいものを買い替えるにはプチプラが一番。しまむらだと色違いでそろえるのも気がねなくできます。

プチプラアイテムは遊び心たっぷりに取り入れたい

私は関西人なので、安く買うことは何よりも楽しい！　恥ずかしさなんて微塵《みじん》もなく、友だちに「これなんぼで買ったと思う?」とついつい安さ自慢をしてしまいます。

何も買うものがなくても定期的にファストファッションの各店舗をおしゃれパトロール。でも、メインの服を買うことはほとんどなく、おしゃれの脇役を購入しています。

ユニクロではインナーウェア。H&Mでは色ものをチェック。オレンジやスカイブルーのカーディガン、レギンスなど、差し色になるようなものはプチプラで購入します。プチプラアイテムは、見た目もやっぱりそれなりだけれど、それをあえて、部分的にキッチュ&ポップに取り入れるのが大人のおしゃれの楽しみでもあります。

そのほかにも、フリーマーケットで掘り出し物探しや、年に2回のお気に入りブランドのファミリーセールも、私の年中行事のひとつになっています。

H&M
カラフルなカーディガンやレギンスは2000円以内で買えるものもあるので、色違いで数枚買うことも。商品の回転が速いのでマメにチェックして賢く活用したい。

第六章

40歳からのクロゼット

大人になって、似合わなくなるものもあれば、
似合うようになるものもあります。
ワンピースやパンツなど、おなじみのアイテムでも
小物や形のチョイスで大人の着こなしに。

大人のワンピーススタイル

体型をやさしくカバーしてくれ、色や柄もさまざまで、コーディネートいらずのワンピースは、おしゃれの強い味方。小物を使ってアレンジを楽しみます。

プリントワンピ
＋
レギンス

大胆なレモンイエローとブルーのプリントがさわやかで涼しげなイメージ。グレーのレギンスで引き締めて。

ゆったりワンピ
＋
ゆったりワンピ

春や秋の天気のいい日に公園に行きたくなるようなスタイル

ゆるゆると気持ちがやさしくなるナチュラルワンピは、同系色のコーディネートで上品に着こなしたい。

リアルファーの小物
をプラスすると
ゴージャスな
印象に！
ニットワンピ
+
ファースヌード

ニットの柔らかさとファーのツヤ感で女らしさアップ！　大人の冬のおめかしスタイルに。

ブラックワンピ
+
クラッチバッグ
モノトーンにほんの少し
赤を入れるだけで
個性的な着こなし
になります

体がほっそり見えるシルエットのワンピースに赤小物をピリリと効かせて。クラッチバッグは持つだけでおしゃれに見えます。

コクーンワンピ
+
カラータイツ

着心地もよく体型カバーにもなるコクーンワンピを愛用中。色で遊んでシックなおしゃれを楽しみたい。

ワンピースは小物使いで自由にアレンジ

30代後半ぐらいからワンピースをよく着るようになりました。おなかがぽっこり出てきたことと、ナチュラルな服からきれいめの服にシフトしたくなったことが理由です。

いざ、着てみたら、コーディネートが簡単で、体型もカバーしてくれ、いいことずくめ。ストール、レギンス、バッグ、靴など小物の使い方で、同じ一枚が日常着にも、よそ行き着にもなるので重宝しています。

袖の形、長さ、襟ぐりの形、おなかまわりのライン、スカートの丈など自分の体型に合うベストな一着を選ぶためには試着が欠かせません。私の二の腕は水枕のようにぽちゃぽちゃのタプタプなので、袖の長さ、カットのラインが、なにより大事です。

一枚で着るものなら、袖の終わりが肘から肩に向かって約5㎝以内のものを選んでいます。

コクーンワンピース

コクーンとは、「繭」という意味。繭のように丸みをおびたシルエットは女性らしくかわいらしい印象に。

特にドルマンスリーブやコクーンワンピが私の一番安心できるデザインです。

二の腕が目立つノースリーブや袖がピタピタのワンピースなら、マストでカーディガン着用です。でも、カーディガンや小物との色合わせを楽しむのもワンピを着る楽しみのひとつ。なるべく色のあるスタイルを心がけています。

40代のワンピースは子どもっぽくならないように注意も必要です。私は身長が１５３センチと小さめで、ぽっちゃりした体型なので、首、手首、足首など出せるところは出し、隠せるところは隠して、なるべく細くすっきり見えるよう鏡の前でバランスをとりながら着るようにしています。

少しでも縦に長く、大人っぽく見えるようにヒールのある靴を必ず履くのも、ワンピースを着るときのルールです。

大人かわいいワンピースの着こなし

色はシックなものを選び、小物できれい色をプラスすれば失敗知らず。きれい色ワンピの場合は、逆にストールやレギンスの色を渋めにしてバランスを。

大人のパンツスタイル

合わせるアイテムによって、カジュアルにも、きちんと服にもなるパンツは、自分なりのルールを作って毎日のコーディネートを楽しんでいます。

ストレッチが
効いているので
ぴったりしていても
動きやすい

レギパン

細身のパンツには、ボリュームのある差し色ストールを巻いて、メリハリをアピール。

パープルに
カーキグリーンも
好きな配色。
小物のブラウン
で引き締めて

テーパードパンツ

高さを出すためにハットをかぶって、縦のラインを意識したコーディネート。パンツは短め丈で軽やかに。

プリントものは
勇気もいるけれど
トレンド感たっぷり!

プリント スキニー

トレンドのプリントスキニーは、プリントの中から1色拾ってトップスや小物の色を選ぶと、まとまりやすい。

サルエルパンツ

ゆったりした着心地の服は、首、手首、足首を出して、すっきりした大人の雰囲気漂う着こなしを心がけたい。

ついつい
おなかまわりの
ふわっとしたブラウスを
選びがちなので
パンツは細めを
チョイス!

デニム

シンプルなコーディネートにはきれいめヒールを合わせて女らしく。デニムはロールアップしたほうが今ドキ感が。

パンツはシルエットが命！
「旬の形」に敏感でいたい

デニムを着ているおばあちゃんを見ると、それだけで「気持ちの若い人だな」と思ってしまうほど、私にとってデニムは、若さ、おしゃれの象徴です。

妊娠中、どんどんデニムがはけない体になっていくと、若さや、現役感を失っていくような寂しい気持ちになりました。出産後、乳飲み子を母に預けてまで買いに行ったのは足が長く細く見えるという美脚デニムでした。それをはくと、おしゃれの現役復帰ができたような気持ちになったものです。

そんな、おしゃれに欠かせないパンツスタイルですが、パンツのシルエットって、流行りのサイクルが意外に早いもの。つい最近、3年寝かしていたワークパンツをはいてみたら、太めのストレートでチビ×デブが強調されてカッコ悪いのなんの。ここ最近は太ももをゆるっとカバーしつ

テーパードパンツ

フロントはタック入りで、気になるおなかまわりをカバー。足首に向かって細くなるテーパードシルエットは美脚に見えるうれしいデザイン。合わせるアイテムによってマニッシュにもカジュアルにも使えます。

つ、ひざ下はすっきり見えるテーパードパンツをはいていたので、ずんぐりむっくりしたシルエットにびっくりしてしまいました。

そういえば、私が学生のころに流行っていたブーツカットをはいている人なんて今はなかなかみかけません。ロールアップがダサいといわれていた時代も確かにあったのに、ここ数年はロールアップするのがおしゃれとされているのですから、流行って不思議です。

デニム、チノパン、カーゴパンツは素材、アイテムとしては永遠の定番だけど、シルエットの流行は、短い周期で変わります。40代が、流行を追いかけすぎるのもどうかと思いますが、無関心すぎないようにしなければと思います。若いころのスタイルに固執しないように、アップデートしていきましょう！

ロールアップ

いつの間にか、デニムの裾は折ってはくのが定番に。くるぶしよりも少し上、足首の一番細い部分が見えるくらいまでくるくる折ると、グッドバランスに！

10年以上愛用しているもの

クロゼットの中から10年以上使っているものを探してみたら、決して主張することはないけれど、なくては困る愛用品が並びました。

YURI PARK
ユリ・パークのベレー帽

『Yuri Park&Maco e ippo』のベレー帽。上質な素材で、ひとつひとつていねいな手仕事で作られているので、何年たってもくたびれません。

ebagos
エバゴスのかごバッグ

カンガルーのやわらかい革に、編んだかごとファーがあしらわれたバッグ。異素材の組み合わせが新鮮です。

赤いてんてんネイル

10代のころに見たフランス映画「汚れた血」のヒロイン、ジュリエット・ビノシュがしていたネイルが可愛くて、以来ずっとまねしています。

CHIE MIHARA
チエ ミハラのパンプス

一日中履いていても痛くないヒール靴。コロンとした丸みのあるトウと猫足のようなヒールがキュート。

ANNICK GOUTAL
アニック・グタールの香水

好きな香りは、ル シェブルフイユ。トップノートは柑橘《かんきつ》系 ミドルノートはさわやかな花の香りがします。

デニムコートは
衿を立てて
大人っぽく
着るのが
お気に入り
おかっぱ頭
HERMÈS
HARNAIS
エルメスの時計
アーネ
MARIMEKKO
マリメッコの
トートバッグ
KAPITAL
キャピタルの
デニムコート
黒のバレエシューズも
日々のコーデに
なくてはならない
アイテム

こけしのようなおかっぱが好き。永遠の女の子のイメージ！

30歳になった自分への特別なプレゼント。

最初はマザーズバッグとして使っていましたが、今はふだんのおでかけにも使っています。

定番デザインに、大きなポケットの遊び心が可愛い。スプリングコートとして毎年大活躍！

これからもずっと付き合いたい
10年選手のアイテム

クロゼットを見渡して、10年以上愛用しているものを探してみました。すると、「これは!」と思って気合いを入れて買ったものの寿命は意外に短く、気がつけば10年も一緒にいるね、というものがほとんどでした。たとえばユリ・パークのベレー帽はアウトレットで買ったものだし、マリメッコのトートバッグは、スウェーデン旅行のおみやげです。

おかっぱの髪型は、ずっとというわけではないのですが、色んな髪型を試しても、どんな服装にも似合って、髪のクセの手入れがラクなおかっぱに戻るという感じです。チエ・ミハラのパンプスも、他に自分の足に合うものがないのです。足の親指が反り上がっているので、トウが丸くぽっこりしたものでないと、長時間履けないのですが、10年以上探し続けても、私の足に合うパンプスはチエ・ミハラのものだけ。まさにシンデレラのガ

アウトレット

年に2回、実家に帰ったときのお楽しみがアウトレット・ショッピング。私は帽子やアクセサリー、靴などの旬の小物を狙います。いつも行く大阪のりんくうプレミアム・アウトレットには、北欧食器ダンスク(Dansk)が入っているので、お鍋やグラスなど、ついついたくさん買ってしまいます。

ラスの靴！　このように、体型やクセなどで、愛用しつづけているものも多いです。

　10年選手たちの共通点は、「ずっと好き。デザインが普遍的で時代を経ても色あせない。流行にとらわれないブランド。くたびれない丈夫さ。いつも使うたびに新鮮さをくれる。肌触り、着心地がいい。体質、性格に合う。いつまでも飽きない」というところでしょうか。

　若いころは、雑誌などに載っている「上質の定番もの」に憧れて、自分のお気に入りを探していましたが、そういうものが実際に自分の定番になるとは限らないんだなあと、最近になって実感しました。

　感動的な出会いも、熱烈に恋することもなかったけれど、私にとって必要な、なくてはならないものたちが、クロゼットの中にありました。

チエ・ミハラ
ブラジル生まれの日系2世チエ・ミハラ(Chie Mihara)が手がけるスペイン発のシューズブランド。人間工学に基づくシューズ作りを取り入れ、履き心地のよさに定評があります。モダンでありながらも女性らしいかわいらしさを兼ね備えたデザインも、人気の理由。

世界にたったひとつのジュエリーをオーダー

母からもらったダイヤのネックレスをリメイクして、毎日つけられるカジュアルなデザインにしてもらいました。

BEFORE

photo Ryui

もともとシンプルなデザインですが、プラチナのチェーンが太めで、おばさんぽいので出番はなく、クロゼットの箱の中にしまったままでした。

ジュエリーブランド【Ryui ／リュイ】さんにお願いしたこと

・20 年後、30 年後もつけられるようなシンプルなデザインに。
・肌身離さずつけっぱなしで使えるように。
・ネックレスの長さは3 段階のアレンジが楽しめるように。

会ったその場で
デザイン画を
描いてくれる
デザイナーの
平さん

AFTER

photo Ryui

ゴールドの華奢なチェーンが大人っぽく、リメイク前よりもダイヤそのものの美しさが引き立つ、素敵なネックレスになりました。

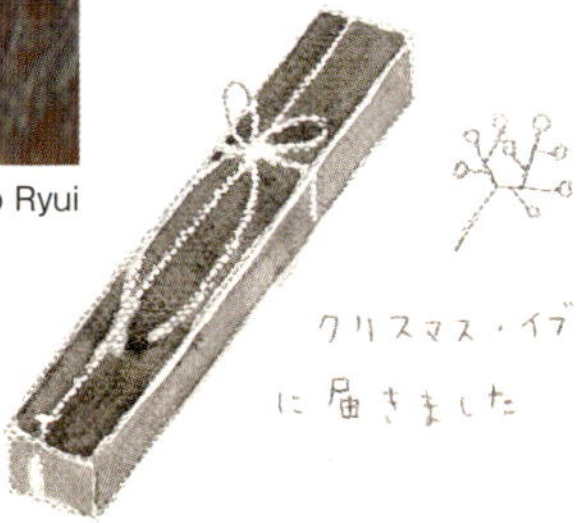
クリスマス・イブ
に届きました

おだやかな
パワーをくれる
大切な宝物
になり
ました

上質なジュエリーはリメイクで長く大切に使いたい

40歳を過ぎてふと、60歳になっても70歳になっても肌身離さずつけていられるお守りのようなジュエリーが欲しいと思うようになりました。自分にとって、大切な意味のあるものにという思いから、母からもらったダイヤのネックレスをリメイクすることにしました。

そのネックレスは、プラチナのチェーンが太く、ダイヤを支える爪のデザインも古臭くて、自分のカジュアルな服に合わないので、ずっと箱の中にしまったままでした。

リメイクを思いついたものの、どこでそんなことをしてくれるのか、まったく見当もつかなかったので、ネットで「ダイヤ　ネックレス　リメイク」と画像検索してみました。そのなかで、写真の雰囲気が自分の一番好みで選んだのが、今回お願いしたRyuiさんです。

デザインの打ち合わせのため、デザイナーの平

母のネックレス

古いものはそこにしか宿らないパワーがあるような気がします。旬のエッセンスを取り入れながら、昔からあるものを大切にする気持ちを忘れずにいたいものです。

結さんにお会いした瞬間、画像検索でみつけた写真と同じく雰囲気がとっても素敵な方だったのでこの人なら安心して大丈夫！　と直感しました。「センス」が自分と合うかどうかは何より大事だと思います。その場で、自分の要望を伝え、デザインを一緒に考え、ネックレスを託しました。

それから待つこと数カ月。クリスマス・イブの日に、どこにも売っていない世界でたったひとつのジュエリーが届きました。

リメイクによって雰囲気ががらりと変わり、華奢でシンプルながらもダイヤモンドの大きさが引き立つ素敵なネックレスになりました。これからの私の人生をよい方向に導いてくれる大切なジュエリーになってくれそうです。

Ryui／リュイ

2008年より日向 龍と平 結の夫婦でジュエリーブランド【Ryui／リュイ】をスタート。デザインから製作まで、二人の手によって一貫して行なう。
http://www.ryui.jp

好きなのに似合わなくなったもの ガーリー編

いつまでも気持ちは若いままなので、ついつい手に取ってしまう可愛いもの。でも、要注意！「好きなものが、似合うもの」ではなくなっているんです。

レトロプリントワンピース

クラシックなデザインやレトロプリントは、一歩間違うとおばあちゃんぽく見えてしまいます。

黒尽くめ

おしゃれのつもりで着ていた黒いワンピース、いつからか冠婚葬祭に出席する人にしか見えなくなってしまいました。

フレンチスリーブギンガムチェック

小学生でも似合うような可愛すぎるものを着ると、イタイおばさんにしか見えません。

ショートパンツ

40代以上のショートパンツはスタイルのいい人限定アイテム！

かわいく着こなしていた
プリーツスカートが…

40代になると…

丸襟ブラウス

40代は無理だけど、
60代、70代で丸襟シャツが似合う人はおしゃれだと思います

ボトムにイン

大人っぽくボトムにインするスタイルを着こなすためには5キロ減量しなければ！

ワンストラップシューズ

永遠の少女アイテムを履きこなすのは、20年後の楽しみ。

プリーツスカート

ふつうのおばさんがトラッドな服で固めると、どうしてもおしゃれに無関心なダサい人に見えてしまいます。

似合わなくなった丸襟ブラウスと、大人になって似合うようになったもの

くすみ、たるみ、しわ、乾燥のせいで顔が老け、体型も丸くなると、ガーリーなものが似合わなくなってしまいました。ある日、突然気づいたのです。「あれ？」と。昨日まで好きだった小さな丸襟シャツ、セーラーカラーのブラウス、ギンガムチェック、ワンストラップシューズが全然似合わない。鏡の前に立っているのは、まさにイタイおばさんだと。

やっぱりフレッシュな肌に似合うものと、そうでないものがあるものですね。さらっとしたコットンは、ピチピチしたフレッシュな肌にとても似合います。40代の加齢した肌にはてろんとした光沢のある素材や、とろみのある素材のもののほうが似合うことに、気づきました。

逆を言えば、カシミアやシルクのような上質なものが似合う大人の肌になったということ。Vネックのカシミアセーターをカジュアルにさらり

シルクのブラウス

シルクをシックに着られるようになったのも40歳を過ぎてから。シルクの艶が華やかなブラウスに、シンプルなフラノのパンツを合わせて普段使いしています。

と着こなせる大人になるのは私の憧れ。

とは言え、最近プリーツスカートの似合う若々しく素敵なおばあちゃんを見かけ、がぜん勇気が湧いてきました。

40代というようやく大人になりたての今は、女学生のようなスタイルが一番似合わない。けれど、30年後の70歳は、おしゃれにプリーツスカートを着こなせることを、この目で発見したからです。


ブラウスにスカート、靴下にワンストラップシューズをはいて、白髪を小さくまとめてピンでとめたガーリーなおばあちゃんになるのが、私の密かな目標です。

Vネックのカシミアニット

軽くて暖かくて着心地のよいカシミアは一生もの。10年愛用しているカシミアストールも、肌に馴染む柔らかさが年々増してきているよう。n100（エヌワンハンドレッド）やユリパークは上質なカシミア素材の憧れブランドです。

好きなのに似合わなくなったもの
ボーイッシュ編

若いころには誰にもあったキラキラ爽やかな「少年っぽさ」は、年を重ねるにつれ、なくなっていくような気がします。

古着のTシャツ

ポチャポチャたぷたぷの体に一番似合わないものが定番の形のTシャツ。

ネルシャツ

ネルシャツにリュックにデニムをはいた自分を想像したら、変装している逃亡者にしか見えない！

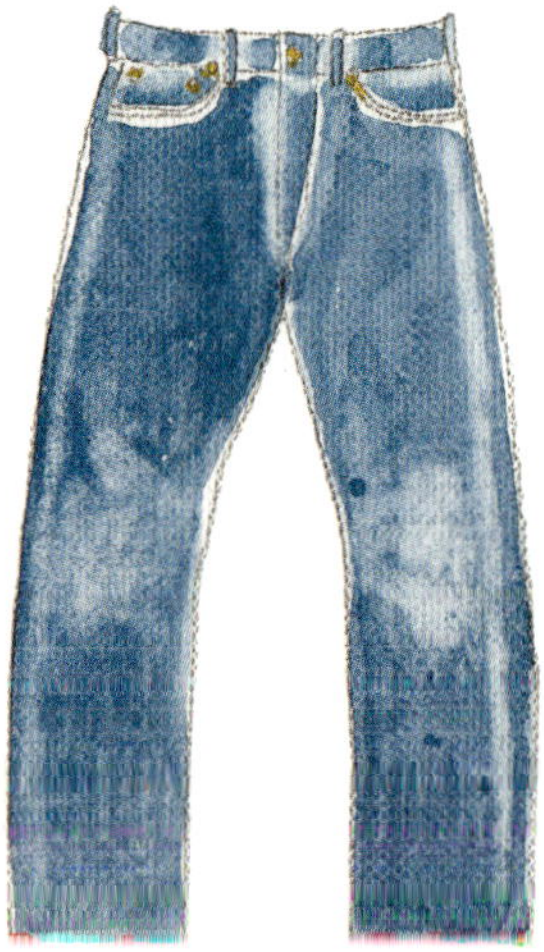

501デニム

おしりの大きさを強調し、足が短く見えるものなんて、この体でははけません。

リュックサック

おしゃれとしてリュックを背負うには、ふだんから体を動かす生き方をしていなきゃ似合いません。

キュートに着こなしていた
オーバーオールが…

40代になると…

パーマ

ゆるめのパーマはアリですが、
ショートカットのきつめのパーマは
おばちゃん度アップまちがいなし。

Gジャン

コーディネートによっては、40代も使えそうなアイテムですが、上下デニムは相当なおしゃれ上級者にしか無理。

古着の
オーバーオール

食いしん坊コスプレにしか見えないかも？　でも、大人っぽくオーバーオールをはきこなしてみたい野心はあります。

ボーイッシュアイテムの着こなしは
ライフスタイルをベースにしたい

Tシャツにデニムという少年のようなスタイルは、すらりとした「骨ばった体」だからこそ似合うもの。ぽちゃぽちゃの柔らかい脂肪をまとった運動もしない私には、全く似合いません。ポロシャツ、ネルシャツ、カウチンセーターなども同じです。

雑誌ではリーバイスの５０１をはきこなす40代、50代のかっこいい女性も紹介されていますが、私には絶対に無理！　お尻の大きさ、おなかのぼてぼて、足の短さが強調されたずんぐりむっくりな姿になるのが目に見えています。

ボーイッシュアイテムを大人の女性が着こなすには、ネルシャツならアウトドアを本気でやっている、ポロシャツならゴルフをやっているなど、まず土台となるライフスタイルが必要なのかもしれません。

オーバーオールとサロペットの違い

胸当てや吊紐つきの作業用ズボン。英語がオーバーオールoverallで、フランス語がサロペットsalopette。フランス語か英語かの違いだけで、同じもののことを指します。

第七章

これから始まる大人のおしゃれ

大人のおしゃれは、その人が積み重ねてきた
時間までをも映し出してしまうもの。
だからこそ、「これが私です」と言える、
名刺のようなおしゃれがしたい。

40代のリアルスナップ

同年代とはいえ、思い思いにおしゃれを楽しんでいる40代。身近な40代の女性たちに注目してみました。

パールが似合う
とろんととろみのある素材
フレアースカート
お上品系奥さま
サラサラヘアー
ネイルもバッチリ
ブランドもの
キレイな専業主婦

サングラスに攻めの姿勢感じます
かなり茶色
ピタピタスキニー
ヒールは高め
イケイケノリママ
大きめ布バッグ
チュニック＋パンツ
チュニックさん

うすい前髪にバブルの残り香♡
やさしいピンク
肌色ストッキング

ふんわりママ

ハットがなじんでる
ドット柄シャツ
スニーカー

おしゃれパパ

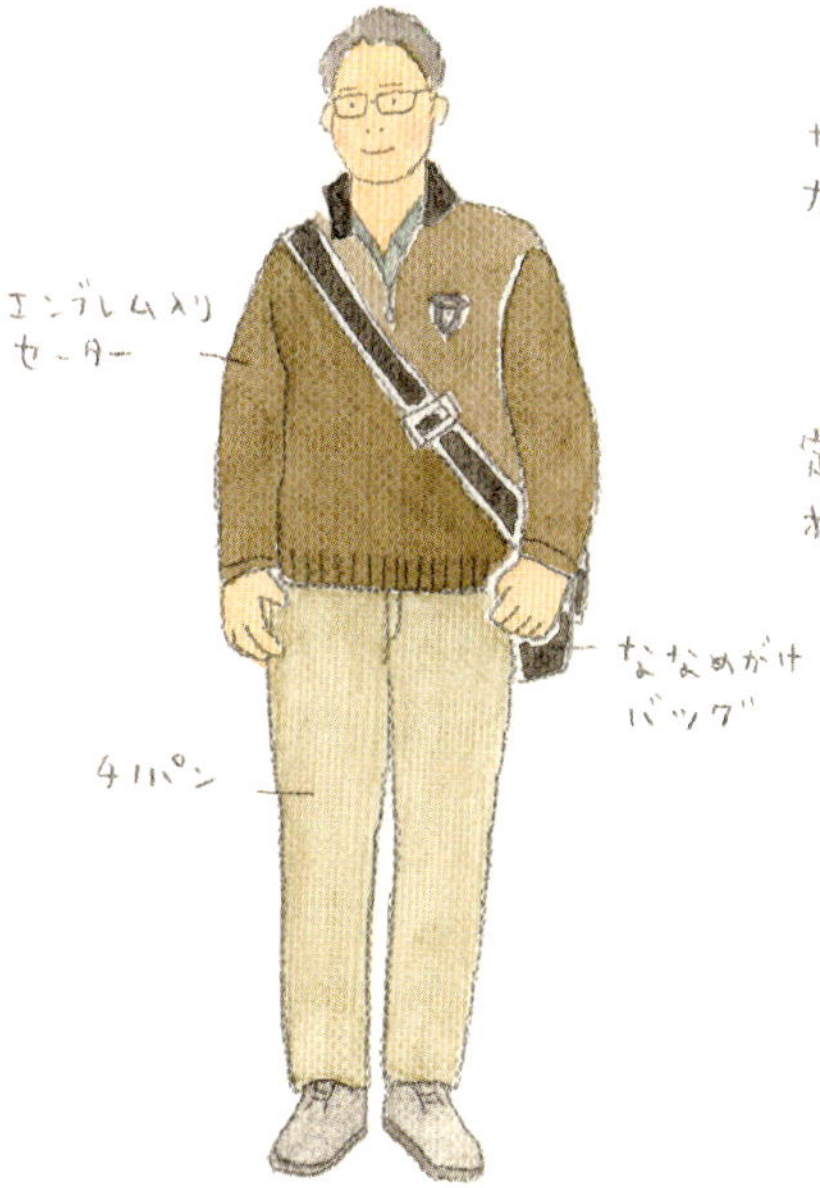
エンブレム入りセーター
ななめがけバッグ
チノパン

ふつうのパパ

ななめがけ布バッグ
重ね着スタイル
定番ボーダー

ナチュラル系おしゃれさん

おしゃれは自分らしく
キラキラ生きるために必要なもの

子どもの学校行事で見かけるのは、30代40代の同世代のお父さんとお母さん。職種もバラバラなので世の中の縮図を見ているようです。「おしゃれ」を意識して観察していると、男の人の服装は、ほとんどの人がシャツにパンツというカジュアルな日曜日のパパスタイル。たまに、とんがったおしゃれな人をみつけると心の中で「あのパパはきっと、デザイナーとか、クリエイティブな職業だろう」と勝手に決め付けてしまいます。みんな似たような格好なのですごくおしゃれな人は目立つけれど、逆にすごくダサい人もいないのが世の中のパパたちだと思います。

その点、女の人は、みんなおしゃれで本当にびっくりします。同世代で独身の友だちよりも、専業主婦のママのほうが、体型も維持して、おしゃれにも気を遣い、爪の先まできれいにしていたりするほどです。

男の人の「斜めがけバッグ」

休日、小さな子供がいるお父さんは、斜めがけバッグ率が非常に高いです。仕事のときはできないカジュアルさと、両手が使えて子どもを抱っこするのにも便利なことが魅力なのかもしれません。

結婚しても、子どもがいても、女性にとって、自分が自分らしくキラキラと生きていくために、おしゃれをすることは絶対に必要なものだということがみんなを見ているとよく分かります。

　ママ友とランチやお茶をすると、化粧品の話やお肌のお手入れの話になるのですが、私なんかよりもはるかに時間もお金も使っていることを知り、ずぼらな自分を反省します。あわてて、おすすめされた化粧品をネットで検索することもしばしば。

　おしゃれな人が多いカフェやイベントに行くだけでも周りの人の着こなしにヒントをもらって毎日のおしゃれの参考になります。

　もっときれいに、もっとおしゃれになりたい！と思う刺激をくれるのも、同世代の女性たちです。

ジェルネイルとまつ毛エクステ

保護者会などに行くと、どちらかを誰かがやっていて話題になります。見ただけでぱっと分かる華やかさも人気の理由でしょうか。私はまだ、まつ毛エクステはやったことがありません。

着心地と居心地の共通点

手作りのもの

デニム バッグ

子供のおえかきクッション

身近に自分の作ったものがあると、誰の真似でもないオリジナルの自分を表現できている気がします。だからといって、自分で作ったものだらけなのは恥ずかしいので、さりげなくアクセントにちょこっとあるのがいい。ひとつでも、オンリーワンのものを持っていると、自分の背景が広がる気がします。

機能美が備わったデザイン

エーグル ライディングコート

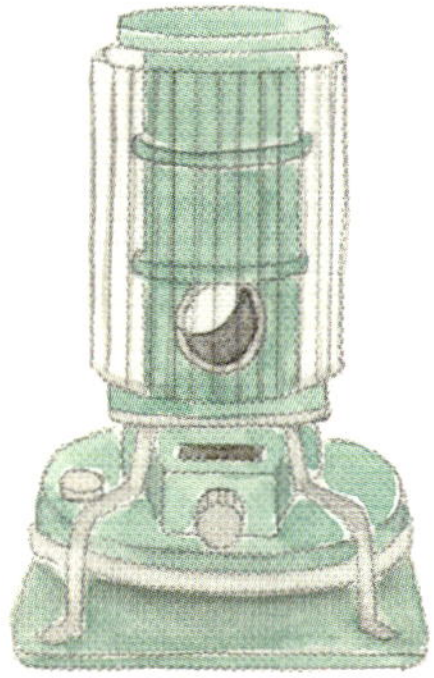

アラジン ブルーフレーム ストーブ

本来、ライディングコートは乗馬用のレインコートなのですが、私の使い方は自転車に乗るとき用のレインコート。裾が開いて自転車を漕ぐときにぴったりなのに、おしゃれでかっこいいデザインなんです。アラジンのストーブは言わずもがなの機能美あふれるストーブの名品。どちらも私の暮らしに欠かせないものです。

大好きな水玉柄

水玉 財布

水玉カーペット

「なんでも点からできている」と思っているので、水玉柄がとにかく好きです。部屋の中は、マリメッコの水玉柄のカーテンにイケアでみつけた水玉カーペット。他の人なら落ち着かないかもしれませんが私にとっては、安らぎの空間です。伊勢丹に駆けつけて買ったヴィトン×草間彌生のウォレットは、毎日頬ずりしたくなるほどお気に入りです。

古くならない いつまでも新しいデザイン

マリメッコ ハッピードレス

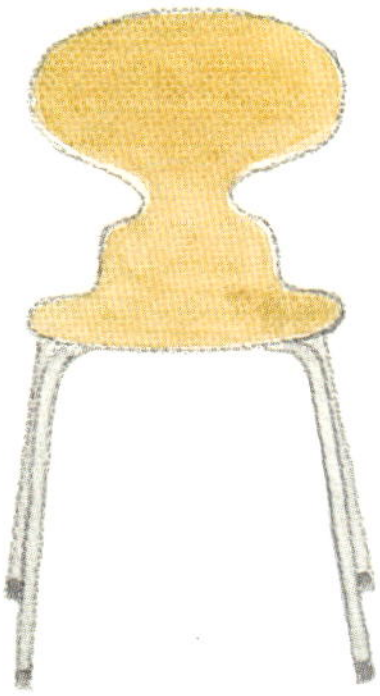

ヤコブセン デザインの アントチェア

アントチェアは1952年にデザインされて今も製造され続けている、蟻をモチーフにしたフォルムの椅子。母から譲り受け大切に使っています。このアントチェアと同じように、小さな子供から大人までずっと愛され続けているのがマリメッコのILOINEN TAKKIという定番のワンピース。「happy dress」という意味で、着ると本当に気持ちまで明るくなれるワンピースです。

「好き」が分かるおしゃれが本当のおしゃれ

一目見て、雰囲気のある人は素敵だなと思います。雰囲気がある、ということは自分なりの「こだわり」「好きなもの」があるということ。おしゃれって、「こだわり」でもあると思うので、ただ流行りの服を着ている人よりも、つらぬいている「こだわり」を感じる人は、かっこいいなと思います。

　私にも小さなこだわりはいくつかあって、自分の「好き」がもつ居心地の良さは確かにあると感じています。昔から私が好きなのは、シンプルな中にくすっと笑いたくなる遊び心があるもの。ポケットのサイズが小さかったり、斜めについていたりという小憎いデザインに弱いのです。

　好みのものではない服を着ると、自分が自分でないような違和感を覚えますが、人からちょっと変わってると思われる服でも自分が好きなものなら、そちらのほうが自分らしくいられます。おしゃれとは「自分が心地よい服を着ること」な

美容室

髪が細く薄くなってきたので、シャンプーや石鹸は、なるべくナチュラルなものを選ぶようになりました。特に傷みや刺激が気になる白髪染めは、アヴェダカラーを使用している美容室を選んでいます。

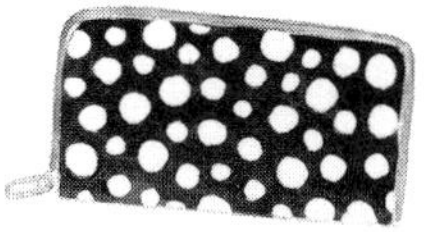

のかもしれません。
それは家の中の匂いや、家具、食器、食べ物ひとつひとつにも言えることで、自分らしく自然に生きていく上で大事なことです。コーヒーカップ、カーテンを選ぶときも、これでいいや、とは思わず、これがいい！　と思えるものに出合えたら買う。そんな姿勢でいたいものです。

はじめて会う人に、「本当はこんな私じゃないんです」と心の中で言いわけをするような服は着たくなくて、むしろ胸を張って「これが私です！」と名刺代わりになるようなおしゃれをするのが私の理想。

だから、美容室で洋服をすっぽりとカバーされて、タオルを巻いた状態で「どんな髪型にしますか？」と聞かれるととても不安になります。そういうとき、あらためて「おしゃれ込み」の自分が本当の自分なんだなと思います。「好き」が分かるおしゃれが自分らしいおしゃれです。

AVEDA アヴェダ
植物成分をベースとしたヘアケア、スキンケア、ボディケア、アロマ製品を取り扱う化粧品ブランド。

私のファッションヒストリー

16才（1987年）

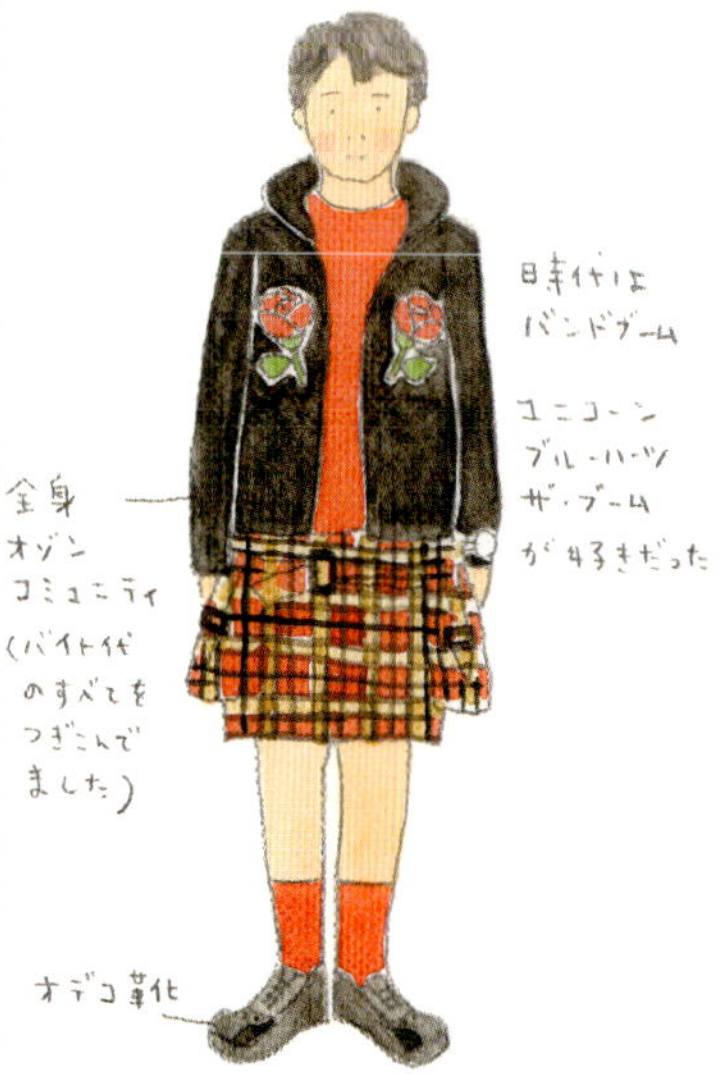
時代は
バンドブーム
ユニコーン
ブルーハーツ
ザ・ブーム
が好きだった
全身
オゾン
コミュニティ
（バイト代
のすべてを
つぎこんで
ました）
オデコ靴

17才（1988年）

ソバージュ
アニエスbを
アグインbと
呼んでいた
自作の
手描き
ペイント

20才（1991年）

衝撃を受けた
シビラの世界！
色も形も
クラフト感
たっぷりの
ディテールも
すべてに感動
今も
一枚だけ
残してます

24才（1995年）

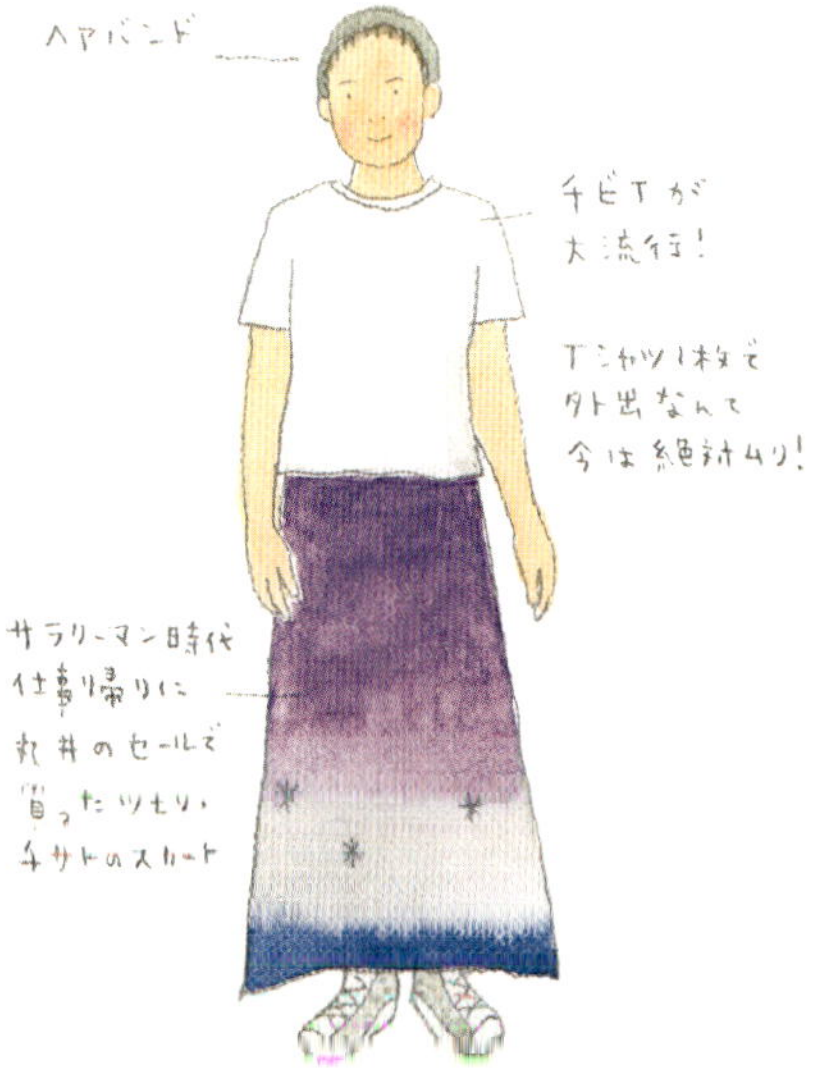
ヘアバンド
チビTが
大流行！
Tシャツ1枚で
外出なんて
今は絶対ムリ！
サラリーマン時代
仕事帰りに
丸井のセールで
買ったツモリ
チサトのスカート

26才（1997年）

1冊目の
本を
出版
したころ
ZUCCa
のワンピ
10cmの
厚底靴

30才（2001年）

子供が生まれて
ナチュラル系
のおしゃれに
ハマる
GASAの
リネン
エプロン・ワンピ

34才（2005年）

ちょっと
大人め
ナチュラル
このころ
ホームスパン
にハマる
まだまだ
子育て
真っ盛り！

40才（2011年）

ニトカの
コクーンワンピ
ナチュラル系が
似合わなく
なり、キレイメ
の服を
着るようになる
30代後半から
太りはじめ、
少しでもスッキリ
見せようと
一年中 七分袖。
（夏は暑く
冬は寒いが
ガマン）

自分の軸と、変わるおしゃれ、変わらないおしゃれ

いくつになっても、おしゃれをすると心がうきうき弾みます。新しい服に袖を通すとき、自分にも新しい風が吹き込むのを感じます。それはきっと、小さい子どももおばあちゃんも、女性ならきっと同じ気持ち。

おしゃれって、見せる相手があってこそ楽しいもの。今思えば、10代、20代、30代とそれぞれちがったおしゃれをしていたような気がします。

10代は年齢も趣味も似たような友だちの中では、なかなか自分がみつけにくくて、やたらと個性的なデザインのものを選んでましたっけ。バイト代をすべて洋服につぎこんで、一番おしゃれに興味津々で楽しかったころかもしれません。

20代は、自分なりに人生の中で一番「モテ」を意識しておしゃれをしていたとき。といっても、古着や厚底の木靴なんかを履いていて、きれいなお姉さんから見れば、「その格好のどこが?」

とっこまれそうですが、社会人として少しでも大人っぽく見られたかったような気がします。
　その後、結婚して30代になり、子どもができるとその影響で、ナチュラルなテイストにどっぷりはまっていきました。周りのママ友たちが、おしゃれライバルで、今度は少しでも若く見られたいって思っていたのだから、見せる相手あってのおしゃれだということがよく分かります。

　好きなものや自分自身の考え方の軸は、大きくは変わらなくても、時代、ライフスタイル、自分のポジションなど、さまざまな変化の影響を受けながら、おしゃれも変わり続けていくんですね。これからも変わり続ける自分を楽しんでいけたらいいなと思います。

私のブランドヒストリー

ミルク
オゾンコミュニティ
デプト
↓
アニエスb
ヴィヴィアン
ウエストウッド
ヘルムートラング
↓
シビラ
コム・デ・ギャルソン
↓
ツモリチサト
ズッカ
↓
ガサ
ミナ・ペルフォネン
↓
ホームスパン
ジャーナルスタンダード
セントジェームス
↓
ニトカ
ユナイテッド・バンブー
マリメッコ

30年後は……こんなおしゃれなおばあちゃんになりたい！

想像図1　カラフルな着こなし

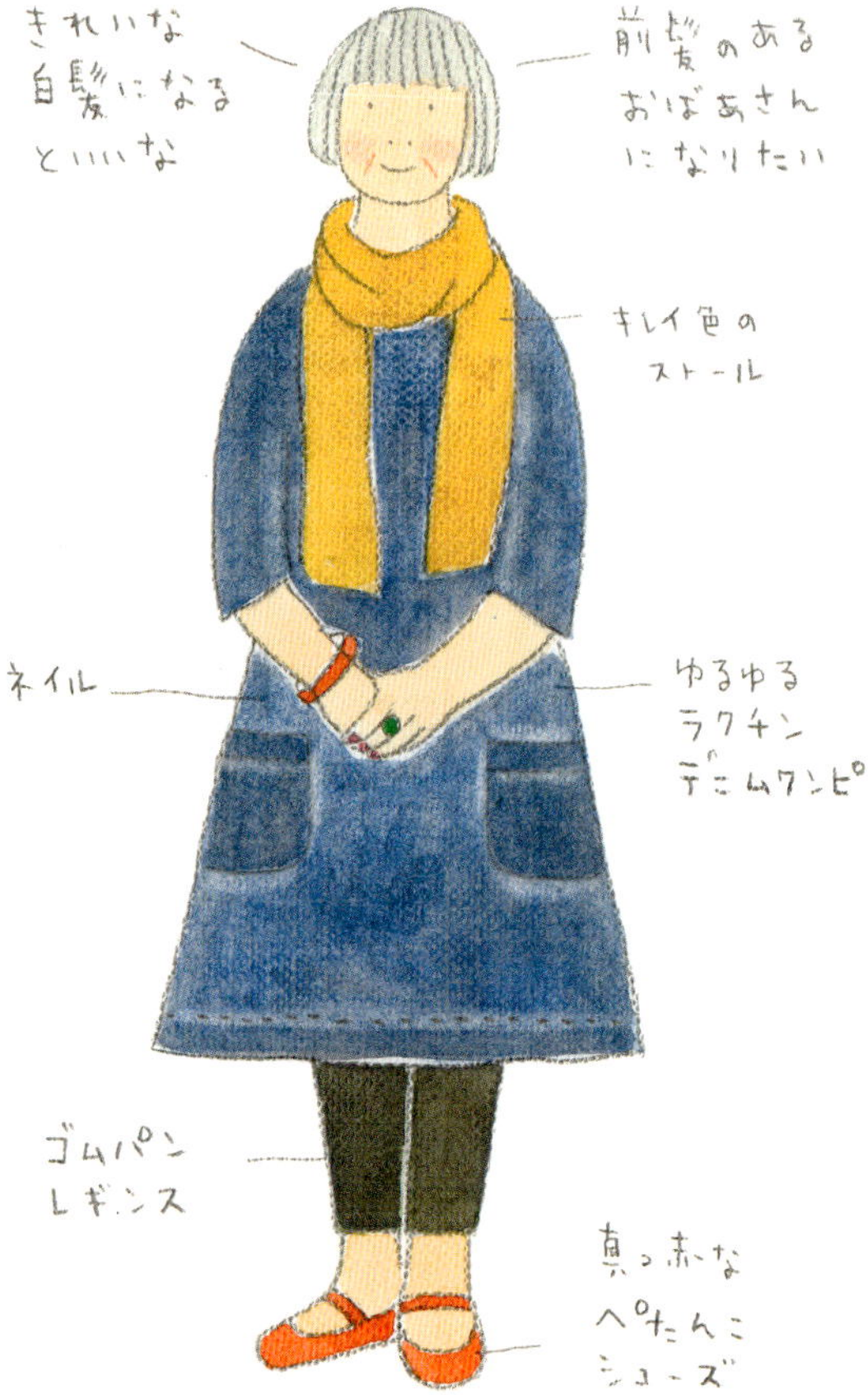
きれいな白髪になるといいな
前髪のあるおばあさんになりたい
キレイ色のストール
ネイル
ゆるゆるラクチンデニムワンピ
ゴムパンレギンス
真っ赤なぺたんこシューズ

私が憧れるチャーミングな大人の女性の条件

その1
自分の暮らし、スタイルを大切にしている

その2
笑顔がかわいい

その3
少女のようにおしゃべり好き（時に噂話にも盛り上がる）

その4
いくつになっても若い友人がいる

想像図2　クラシカルな着こなし

セシルカット
襟付きワンピース
ブローチなど小さなオシャレを忘れない
前開きワンピース
カラータイツ
歩きやすい太めのヒール

その5
姿勢がいい

その6
ミーハーである

その7
行動力がある、フットワークが軽い

その8
なんでも知りたがる

40代は、この先の「きれい」を決める切り替え時期

30代と40代に、たいした違いはないと思っていたのは、大間違いでした。40歳を過ぎたころから、それまで着ていたナチュラルテイストの服が似合わなくなりました。アースカラーのリネンやコットンを着ると妙にみすぼらしく見えたり、ギンガムチェックが可愛すぎて浮いてしまったり。プリントもののワンピースを着るとおばあちゃんに見えたり、髪を後ろでひとくくりにすると疲れた人に見えたり……。

40代は、この先、きれいに年をとるための大事な切り替え時期かもしれません。誰でも平等に年はとるものですが、30代後半から、体型のくずれはもちろんのこと、シミ・しわ・たるみ・薄毛も目立ってきます。本当に、毎日鏡を見ては「あらら。」とせつなくなります。でも「あらら。」で諦めてしまっては、どんどんエイジングは加速していく一方！　もしかしたら、40代の今が女の分かれ道かも？と気がつきました。

エイジングに抵抗するのではなく、エイジングに甘えないようにしようと思うのです。たとえば、携帯電話をスマートフォンにする

か、今までのものにするか、悩んでいたとき、「新しいものを覚えることって大事なんじゃない？」と夫に言われスマートフォンを購入しました。結果、今まで知らなかった新しい世界が広がりました。

私が思うエイジングに甘えないようにするというのは、こういうこと。自分には必要ないからと新しいもの、知らないことを選択することをあきらめないようにしたいということ。どんどん新しくなっていく時代とエイジングしていく自分をうまく合わせていかなければ！

40代は、本当の意味での自分らしさを確立する世代です。なんでも知ってる、なんでも持ってると思わずに、いくつになっても素直で謙虚な気持ちで、これから出会う人、見るもの、聞くもの、に触れていきたい。そうすれば、徐々に私の憧れるチャーミングな女性に近づけるのではないかな？　と思っています。

これからも、どんどん私の人生は広がっていくはず。今から出会う人がいるのだから、私の新しいおしゃれの扉もまた、開いていきそうです。

40代
おばさん度をあげないための10ヶ条

着こなし編

一、太ったからといって、ダボダボの服を着ない。

二、三つの首を出すことを心がける。
（首、手首、足首）

三、全体が下がってきているので、
「縦に長く」を心がける。

四、品の良い大人であるように、
肌の露出をアピールしない。

流行編

五、流行りを知っておくことは大切だが、
流行りを追いかけ過ぎない。

六、前髪のスタイル、メイクには流行りが出るので、
若いころを引きずらない。

七、チープな若い子向けの洋服を着ると、
イタイおばさんになる。
ロゴTなど、もってのほか！

エイジング編

八、ちょっとそこまででも、
ファンデ、チーク、リップは欠かさない。

九、黒い服にたよらない。自分が十分シックな大人なので、
シックな色を着ると余計に老けて見える。

十、若い人のアドバイスを聞く。
年を重ねれば重ねるほど、素直な気持ちが大事です。

堀川　波（ほりかわ・なみ）

1971年生まれ。大阪芸術大学卒業後、おもちゃメーカー勤務を経て、絵本作家、イラストレーターとして活躍。ベビーソックス、ロンパースを始めとした服のデザインも手がけ、好評を博している。趣味は、旅先でおいしいもの、可愛いものを見つけることと、暮らしに添った手仕事をみつけること。40歳を過ぎてから心がけているのは、保湿と腹八分目。

著書に『ひらけ！ ドア』（PHP研究所）、『まいにち、うきうき。和の暦』（朝日新聞出版）、『暮らしがきほん―「わたし」として生きるチカラ53のヒント』（海竜社）、『女おとな旅ノート』（幻冬舎）など多数。

http://www.on.rim.or.jp/~nami/

ブックデザイン：石田百合絵
（ME & MIRACO http://www.meandmiraco.com）

40歳からの「似合う」が見つかる 大人の着こなしレッスン

2013年3月27日　第1版第1刷発行
2014年12月3日　第1版第11刷発行

著　者　堀川　波
発行者　安藤　卓
発行所　株式会社PHP研究所
京都本部　〒601-8411　京都市南区西九条北ノ内町11
生活文化出版部　☎075-681-9149（編集）
東京本部　〒102-8331　千代田区一番町21
普及一部　☎03-3239-6233（販売）
PHP INTERFACE　http://www.php.co.jp/
印刷所　図書印刷株式会社
製本所　株式会社大進堂

ISBN978-4-569-81056-0